JN409246

# 어머니 그리워 그리워

치의학 칼럼 · 자작시 선집

이영만

## 차례

## 3부
## 자작시

## 4부

## 생활 에세이

서시

# 은평에 살어리랏다

정든 고향 떠날 때
나고 자란 전라도 익산의 품을 떠날 때
안개처럼 눈물어린 시선
허청대는 발걸음 어디로 가야 사나 싶었다

우뚝선 북한산 자락
이름도 후덕한 불광동에서
자식 낳고 기르며 치과 열고 아픈 이들과
동고동락하며 살아온 지 20년

살아보니 땅이 좋은 은평이더라
사계절 다정다감한 바람 불어
북한산 기운이 편하기 그지없고
어머니 모신 농장 텃밭의 작물은
어찌 그리 실한지

살아보니 사람 좋은 동네더라
골목길 좌판의 넉넉한 손길
주거니 받거니 나누는 이웃 인심
인사성 밝은 젊은이들
곱게 익어가는 어르신들이라

살아보니 내일이 밝은 보금자리더라
한 식구처럼 다독여주는 공무원들의
부지런한  손길 밤거리를  밝혀주는 청렴경찰들의
믿음직한 발걸음
16개 동마다 특색 있는 문화가 피어나
웃음이 넘치니 어떤 꿈도 꿀 수 있으리

언제부터였나
50만이 더불어 은혜롭고 화평한
은평은 이제 제2의 고향
서울에서 가장 아름답고 살기 좋은 고장이란다
어머니와 함께 뼈를 묻기까지
은평에 살어리랏다 파발마처럼 통일로를 달려
백두산에서 자유만세를 부르는 날까지
은평에 살어리랏다 참사랑 나누며 살어리랏다.

추천사 1

## "어머니의 따뜻한 미소를 그리며"

국회의장 정세균

아무리 국회 일정이 바빠도 가능한 한 빠지지 않고 참석하는 모임이 있다. 바로 전국검정고시총문회 송년회다. 열기가 넘치는 모임에서 검우인(檢友人)들의 밝은 모습을 보노라면 나 자신이 걸어온 삶의 역정을 되돌아보게 된다.

전북 진안의 첩첩산중 능길마을의 궁핍한 7남매 집안에서 태어난 내가 검정고시라는 관문이 없었다면 지금은 어떤 모습일까? 검우인들을 바라볼 때 애잔하면서도 벅찬 감동을 느끼는 건 역경을 헤치며 도전의 삶을 살아온 동질감 때문일 것이다. 동병상련이라고나 할까.

지난 해 2월 국회헌정기념관에서 열린 검우인 18인의 공동자서전『열정, 그 길에서 세상의 빛이 되다』출판기념회는 감동의 무대였다. 연배가 높아서였는지 후배들에게 귀감이 된다고 판단했는지 편집자는 '희망과 당당함을 꿈꾸는 청년들에게'라는 나의 글을 제일 앞장에 올려놓았다.

나는 이 글의 말미에 "가난하다고 꿈조차 가난할 수 없다. 어떤 어려움과 고난이 닥치더라도 자신의 꿈을 위해 최선의 노력을 다해주기 바란다. 주눅들지 말고 당당하게 앞날을 헤쳐 나가기를 바란다"고 썼다. 그날 출판기념회에서 꿈을 이뤄온 주인공들을 보면서 참으로 흐뭇했다.

그 주인공들 가운데 구순의 어머니를 모시고 가족과 함께 참석한 이영만 은평치과 원장이 있었다. 13세에 아버지를 여의고 전북 완주군 화산면 고향을 떠나 배움의 길을 가면서 그가 가슴에 새긴 것은 "노력하면 된다. 노력해서 안 될 것이 없다"는 어머니의 말씀이었다고 한다.

'노력하는 자에게는 눈물이 보석이 된다'는 제목으로 쓴 이영만 원장의 글을 읽으며 나는 지행합일

(知行合一)을 삶의 모토로 초심을 견지해온 그의 일관된 자세에 박수를 보내고 싶었다. 그날 이영만 원장은 “저를 대한민국에서 검정고시 출신으로 의학박사, 치과의사를 만들어주신 어머니께 감사드린다”고 인사말을 했다.

자서전에서 단연 눈이 가는 대목은 그가 자신이 몸담고 사는 지역사회에 대한 자긍심과 애정을 갖고 다양한 봉사활동에 참여하고 있다는 점, 그리고 여전히 끊임없이 공부하고 연구하며 의료기술 향상에 기여하고 있다는 점이다.

또한 하루에 평균 백 여명의 환자를 치료해야 하는 바쁜 일과 속에서도 지역신문에 건강 칼럼을 꾸준히 쓰는 한편 등단 시인으로서 밤을 낮 삼아 감성어린 시를 써왔다는 점도 귀하게 여겨졌다.

이번에 이영만 원장이 치의학 칼럼과 자작시를 묶어 『어머니 그리워 그리워』라는 제목의 책을 출간한단다. 어머니의 눈물은 그가 굳건한 뿌리를 내릴 수 있었던 자양분이었고, 어머니의 따뜻한 격려는 하늘을 향해 뻗어나갈 수 있게 해준 햇살이었다. 그에게 어머니

검정고시총동문회 송년모임에서

는 삶의 원동력이자 아낌없는 지원자였던 것이다.

'언젠가 흰 눈 소복이 내리는 날/ 신원동 녹슨 철길 위로/ 푸른 기적소리 울리며/ 꿈처럼 꿈의 열차 달려와/ 저 상수리숲 너머로 비상할 때/ 어머니 손 놓지 않으리/ 하늘 땅 경계 없이/ 어디로든 펼쳐지는 기차 소풍놀이에/ 어머니와 더불어 한껏 웃으리'
검우인 이영만 시인의 저서에 실린 '꿈'의 한 소절을 읽으며 나 또한 어머니의 한없이 따뜻한 미소를 그려본다.

추천사 2

# 사랑방 같은 치과의 행복을 위하여

김철수 대한치과의사협회 회장

우리 대한치과의사협회의 정책적 차원에서 내가 늘 강조하는 것 중의 하나가 '행복한 치과 만들기'다. 오복(五福)의 하나인 치복(齒福)의 해결사 역할을 하는 동네치과가 주민들로부터 사랑 받으며 낮은 문턱으로 친근하게 내원할 수 있는 사랑방 같은 공간이 되었으면 하는 바람에서다. 이를 위해 우선 치과의사 자신부터 건강하고 행복한 신체를 가져야 하고, 또한 그러한 소신과 의료철학을 가지고 있어야 한다는 것은 두말할 필요도 없다. 환자를 가족처럼 돌보며 따뜻한 대화와 소통의 자세를 견지하는 것 또한 꼭 필요한 요소라 할 것이다.

이러한 관점에서 환자들의 사랑과 존경을 받는 이영만 원장의 은평치과는 행복한 치과임이 분명해 보인다. 아침 일찍 문을 열기 전부터 줄지어 몰려드는 환자들의 모습과 대기실의 분위기를 보면 금세 알 수 있다.

어금니를 깨물고 고통을 참으며 내원한 환자가 함박웃음을 짓고 연신 감사의 인사를 하며 나서는 모습을 볼 때 의사는 최고의 보람과 행복을 맛보는 것 아닌가.

평소 미래 치의학의 발전과 치과의 경쟁력 제고를 위해 다각도로 애쓰는 협회장의 입장에서 이영만 원장이 자랑스럽게 생각되는 점이 또 있다.

수년에 걸친 끊임없는 실험과 시술을 통해 축적된 노하우를 가지고 CIS임플란트(Chice Implant System)를 개발, 특허청의 발명특허와 식약청의 제조허가를 받아내었고, 이미 제품을 대학병원과 전국의 치과에 공급하고 있다는 사실이다. 이것은 치과의사로서의 사명감과 열정이 없이는 이뤄낼 수 없는 쾌거라고 할 수 있다. 여기에는 학회나 세미나 모임에 빠짐없이 참석하면서 길러온 내공이 크게 작용했을 것이다. 또 한가지, 이영만 원장이 지역신문에 꾸준히 알기 쉬운 의학칼럼을 연재함으로써 주민들의 건강상식을 계도해 왔다는 것도 참으로 감사한 일이다.

언젠가 은평치과를 방문해 보고 깜짝 놀란 적이 있다. 이 원장이 지역사회의 교육 · 문화 · 봉사 관련 단체에 기여한 활동과 실적으로 받은 각종 감사패와 공로패, 상장이 대기실 사면을 가득 채우고 있었던 것이다. 그가 어떻게 살아왔는지 여실히 알 수 있었다.

이번에 이영만 원장이 의학칼럼을 묶고, 거기에 새벽 시간을 쪼개면서 지은 시를 모아 저서를 출간한다는 소식을 듣고 기쁜 마음을 금할 수 없다. 이를 계기로 더욱 더 사랑과 행복과 건강과 감사가 넘치는 은평치과의 발전과 이영만 원장의 건필을 기원한다.

추천사 3

# 모 정

차태일 작곡가

존경받는 의사로서 자신의 직분에 최선을 다하는 이영만 원장이 평소 어머니를 모시는 모습을 보면서 그 각별한 효심에 감동을 느낄 때가 많았다. 특히 그가 절절한 심정으로 쓴 어머니와 고향을 주제로 한 시를 읽노라면 나의 감동은 더욱 깊어진다. 그러한 감동의 발로에서 이영만 시인의 자작시 로 지은 곡이 바로 '모정' 이다. 이 곡에는 이 땅을 살아가는 사람들이라면 다들 공감을 가질만한 정서가 담겨 있다. 이 노래가 중진가수 남진을 통해 불려질 때 좋은 반향이 있을 것이라는 기대가 크다. 이 원장의 저서 출간에 대한 축하를 이 곡으로 갈음하고 싶다.

어두운 밤하늘에
홀연히 뜨는 저 별은
꽃 같은 별이던가
별 같은 꽃이던가
보릿고개 눈물고개
모질게 넘기시고
흙이 좋아 흙에 묻혀 살던 어머니
얼굴선이 아직도 고우신 어머니
허리는 기역자로 굽으셨네
모정의 슬픈 강물
가슴에 흘러 흘러
눈물도 보석이 되었네
아~아~
아무리 불러도 포근한 당신의 이름이여
어머니! 사랑합니다~ 어머니~~

차태일 작곡가, 남진 가수와 함께

1key 올려서 Am로
작곡가 차태일 011-9966-1144
FAX : (02)588-6269
모정(어머니)
Slow Rock
작사 : 이영만
작곡 : 차태일
어두운 밤하늘에 홀연히 뜨는 저별은 꽃같은 별이던가 별같은 꽃이던가
보릿고개 눈물고개 모질게 넘기시고 흙이 좋아 흙에 묻혀 살던 어머니
얼굴선 이 아직도 고우신 어머니 허리는 기억자로 굽으셨네
모정의 슬픈강물 가슴에 흘러흘러 눈물도 보석이 되었네 아
아 많이 아위신 어머니 살아계셔서 행복해요
아무리 불러도 포근한 당신의 이름이여 어머니 어머니
사랑합니다 어머니
Fine

머리말

# 한 걸음, 한 걸음!

이따금 무섭고도 무자비하게 세월이 흐른다는 생각이 든다. 30대에 시속 30킬로미터로 달리던 세월열차가 50대에 50키로로 속도를 높이더니 이제 60키로로 가속도가 붙은 것 같다. 어지러울 지경이다.

올해 무술년을 맞고 보니 58 개띠의 환갑해가 아닌가. 정신없이 앞만 보고 달려왔는데, 어느샌가 자꾸만 뒤를 돌아보게 되는 연륜이 된 것이다.

이른바 전후 베이비 붐 세대 가운데서도 인구(人口)의 박 터지는 정점에 섰던 우리 58 개띠들. '57년 닭띠'도 있고, '59년 돼지띠'도 있는데 유독

'58 개띠'가 전후세대의 상징적 존재가 된 까닭이 무엇인지, 그에 대한 사회학적 분석도 꽤나 나온 것 같은데 알송달송하다. 돌이켜보면 철없던 어린 시절에야 천진난만했을 뿐….

한 반에 70여 명이 바글대던 초등학교 콩나물 교실의 추억들이 날이 갈수록 가슴 시린 파노라마가 되어 돌고 도는 요즘이다.

그 추억을 반추하며 지나온 삶을 정리하겠다는 마음으로 어설프고도 어쭙잖은 시를 쓰고 보니 그 중심 화두가 결국 '그리움'이란 것을 느끼게 된다. 내가 나고 자란 고향과 그 땅의 어린 벗들, 홀로 사남매를 키워오신 어머니에 대한 사무치는 그리움. 이러한 그리움을 쓸쓸히 달래고자 할 때 내가 웅얼거리는 노래가 있으니…. 군 복무시절부터 좋아했던 가수 윤시내의 '고목'은 나이 들어 새삼 폐부를 찌르는 듯한 간절함으로 다가온다. 내가 쓴 모든 그리움의 시가 이 노래 한 곡으로 압축될 수 있다는 생각도 든다.

'갈 길 멀다 쉬어가는 곳/ 구름처럼 머물다 가는 곳/ 산 구비 돌아 밤이 오면/ 하늘가에 그리움 일던 곳/ 그 그 사람 지금 어디에 어디에 있나/ 어느 어느 하늘 아래/ 무엇을 무엇을 할까/ 어린 시절 고목은 여전한데/ 나만 홀로 여기에 섰네'

내 주위의 지인들은 치과의사 이영만이 꽤나 활달하고 사교적이라고 생각하는 것 같다. 각계각층의 다양한 환자들을 대하면서, 그리고 이 동네 저 동네 봉사활동 펼치고 다니면서 구김살 하나 없다고 말들을 한다. 하지만 나 역시 한 존재로서의 실존적인 허전함과 고독에서 자유롭지 못하다는 것을 고백하지 않을 수 없다.

언젠가 마음 속 깊이 사모하고 존경하는 분의 예기치 않은 장례식을 치르고 돌아오는 길에 등촌역 지하철 유리벽에 쓰여진 '수선화에게'를 마주친 적이 있다. 그 유명한 정호승 시인의 시였다. 몇 번을 되뇌다 보니 내가 쓰고 싶은 모든 외로움의 절

규가 이 한 편의 시에 녹아 있다는 생각이 들었다.

'울지 마라/ 외로우니까 사람이다/ 살아간다는 것은 외로움을 견디는 일이다/ 공연히 오지 않는 전화를 기다리지 마라/ 눈이 오면 눈길을 걸어가고/ 비가 오면 빗길을 걸어가라/ 갈대숲에서 가슴 검은 도요새도 너를 보고 있다/ 가끔은 하느님도 외로워서 눈물을 흘리신다/ 새들이 나뭇가지에 앉아 있는 것도 외로움 때문이고/ 네가 물가에 앉아 있는 것도 외로움 때문이다/ 산 그림자도 외로워서 하루에 한 번씩 마을로 내려온다/ 종소리도 외로워서 울려퍼진다'

언감생심, 내 평생에 이런 시 한 편 남길 수 있을까. 그렇기는 하지만, 그럼에도 불구하고 나는 나대로의 소박한 노래를 시로 부르고 싶다. 월간「문학바탕」2015년 12월호에 신인 문학상으로 등단하면서 나는 다음과 같은 당선 소감을 올렸다.

'낙엽의 계절이 돌아오면 13세 소년이 상주가 되어 아버지를 묻을 때 첫 삽을 뜨던 날의 가슴 저린 기억이 아련하게 떠오른다. 아버지는 저녁 잘 드시고 외갓집 동네 친구집에서 주무셨는데…, 휘파람 불며 경쾌한 발걸음으로 찾아간 아버지는 옷을 다 벗은 채 미동도 없이 뻣뻣하게 누워계셨다…, 부슬비가 내리던 그날 아침처럼 44주기 기일인 오늘도 가을비가 어머니의 텃밭에, 그리고 내 맘 속에 내리고 있다. 남편을 가슴에 묻고 44년을 하루같이 '자식바라기'로 살아오신 어머니께, 그리고 너무나도 안타깝게 일찍 저 하늘나라로 가신 아버지께 나의 서툰 시라도 들려줄 수 있다는 것이 기쁘고 감사하다.

환자의 치아를 들여다보며 정교한 치료를 하는 치과의사의 하루 하루는 그야말로 스트레스의 연속이다. 그 지독한 스트레스를 푸는 방법은 환자들의 복을 빌어주는 나만의 주문을 외는 것이다. 그런데 이제 나에게 새로운 삶의 지평이 열릴 것 같은 설렘이 인다. 시가 나와 더불어 지금 여기에서 함께 살아가는 모든 이들에게 새로운 '나만의 주문'이 될 수 있다는 가능성을 보았기에! 시를 향한 철없는 이 설렘과 열정이 오래 지속되길 스스로에게 빌어본다.'

그렇다. 그래야 하지 않겠는가. 나의 삶, 나의 길, 나의 뜻대로 갈 수밖에는.

소박한 신념으로 기쁨을 나누며 가는 의사의 길, 또한 시인의 길.

부족할지라도 한 걸음 한 걸음, 뒤도 돌아보며 삶의 종착역을 향해 앞으로 앞으로 나아가고 싶다.

박사학위 모자를 쓴 어머니와 함께

2018년 2월 어느 한 날 새벽

신원동 어머니의 농막에서

# 1부

## 나의 삶, 나의 길
## "눈물이 보석이 되도록"

# 나의 삶, 나의 길<br>"눈물이 보석이 되도록"

## 열세 살의 상주(喪主) 그리고 검정고시

나의 고향은 전북 완주군 화산면 화월리이다. 전주 이씨 아버지(기창)와 광주 이씨 어머니(정순)의 3남 1녀 중 차남으로 태어났다. 어린 시절의 나는 동네가 시끄러울 정도로 개구쟁이 짓을 하고 다니며 '골목대장', '꼬마대장' 소리를 들었다. 그렇게 놀기를 좋아하여 또래들과 몰려다니다가 집에 돌아오면 아버지의 호된 회초리 세례를 받기가 일쑤였다.

아버지는 손재주가 좋아 가야금이며 기타, 피리를 비롯하여 갖가지 장난감을 만들어 주실 정도로 다감한 면도 있었지만, 공부에 관한 한 엄격하기 그

지없었다. 그러나 그렇게 맞고 혼나면서도 나의 실력은 그리 향상되지 못했다. 돌이켜 생각해 보면 아버지는 아들에 대한 큰 기대와 소망을 가지셨던 것 같다. 아마 '개천에서 용 나는 식'으로 판검사가 되기를 바라셨던 건 아닐까?

나는 집안 내력을 어렴풋하게나마 기억하고 있다. 아버지 고향은 전북 진안군 용담면 송풍리이다. 용담댐이 들어서면서 수몰된 곳인데, 당시 할아버지는 양조장을 운영하면서 제법 여유 있는 집안을 꾸려 가셨다. 그런데 친척 간에 벌어진 송사에서 지는 바람에 집안이 망하다시피 하고 큰아버지도 돌아가시는 사건이 터졌다. 이 일로 18세에 고향을 떠난 아버지는 화산에 정착, 어머니를 만나 가정을 꾸렸다.

아버지의 가슴속에는, 언젠가는 자가용 몰고 금의환향하여 고향사람들에게 성공한 모습을 보여 주겠노라는 꿈이 있었을 것이다. 재판에 져서 망한 집안을 자식 훌륭하게 키워 다시 일으켜 세웠다고 자랑하고픈 한스러운 염원 같은 것 말이다. 당시의 어린 내가 어찌 아버지의 그 속마음을 알았으랴. 게다가 그런 아버지를 그렇게 일찍 여의리라고는 꿈에도 생각하지 못했다.

초등학교 6학년 무렵, 열세 살 되던 해 어느 날이었다. 아버지는 외갓집 동네 모종으로 놀러 가서 친구와 함께 노시다가 정자에서 주무셨다. 그 다음 날 아침 일찍 아버지의 친구라는 분이 우리 집에 찾아오셨다. 그리고 아버지가 계시는 곳을 알려 주고는 모셔 오라고 했다. 나는 아무 생각 없이 휘파람까지 불며 즐거운 마음으로 아버지를 찾아갔다. 아버지는 윗옷을 다 벗은 알몸으로 누운 채 주무시고 있었다.

"아버지, 일어나세요! 집으로 가셔야죠."

나는 아버지를 흔들며 소리쳤다. 그런데 아버지는 깊은 잠에 빠져 미동조차 없었다. 마침 근처 물레방앗간에서 물꼬를 보고 계시는 외할아버지한테 달려갔다.

"할아버지, 아버지가 깨워도 안 일어나세요!"

할아버지는 황급히 달려와 아버지를 일으키며 크게 소리쳤다.

"어이, 여보게 명주(어릴 적 이름)! 일어나게나."

이상하게도 일으켜 세운 아버지의 몸이 뻣뻣했다.

할아버지는 흐려지는 눈빛으로 내게 말했다.

"영만아, 네 아버지 죽었다."

아버지는 42세의 젊은 나이에 심장마비로 돌아가

셨다. 부슬비가 내리는 아침이었다. 40세의 젊은 아내와 어린 자식 3남 1녀를 두고 일찍 하늘나라로 가 버린 아버지의 죽음이 과연 무슨 의미인지, 향후 어떤 일이 닥칠지 열세 살의 철부지는 도무지 알 수가 없었다.

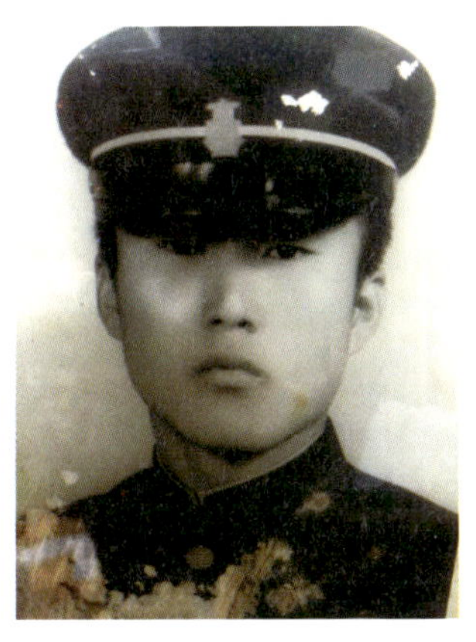

장례식을 치르며 무덤에 첫 삽으로 흙을 던질 때 나는 왠지 모를 막연한 비애를 느꼈다. 대학 재학 중에 입대한 열 살 위의 형님은 관보를 쳤는데도 열흘이 지나서야 휴가를 받아 집에 올 수 있었다. 나는 엉겁결에 장남 아닌 차남임에도 상주가 되었던 것이다. 아마도 이러한 충격을 겪으며 나의 잠재의식 속에는 '이제 내 갈 길은 스스로 개척해야 한다.'는 방향성이 세워졌지 않았나 싶다.

나는 화산중학교를 졸업하고 치른 전주고등학교 입학시험에 낙방하면서 처음으로 좌절을 맛보았다. 궁여지책

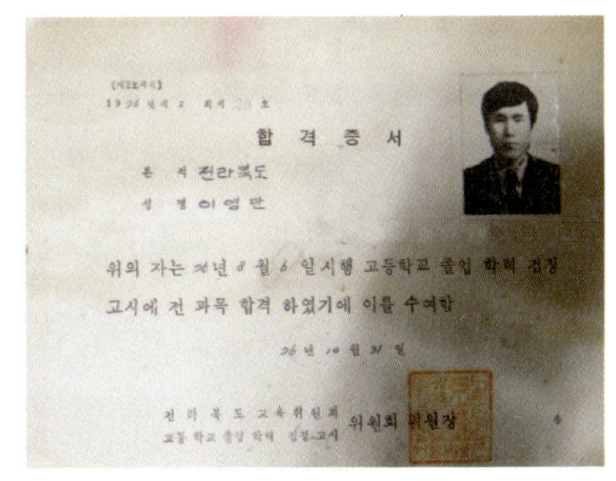

합 격 증 서

본 적 전라북도

성 명 이 영 만

위의 자는 76년 8 월 6 일시행 고등학교 졸업 학력 검정 고시에 전 과목 합격 하였기에 이를 수여함

76 년 10 월 31 일

전 라 북 도 교 육 위 원 회
고등 학교 졸업 학력 검정 고시 위원회 위원장

검정고시 합격증서

으로 이리 제일전자고등학교에 들어갔지만 도무지 적성에 맞지 않아 몇 달 만에 포기하고 말았다. 내가 도전할 수 있는 유일한 길은 검정고시밖엔 없었다. 그러나 당시 주위에는 검정고시 전문학원도 없었고 통신 수강도 마땅치가 않았다.

마침 검정고시를 준비하고 있던 삼촌과 나는 사설 독서실에 등록하여 거기에서 먹고 자며 공부에 전념했다. 다행히도 그 독서실은 새벽 5시면 일제히 기상하게 하는 등 시간 관리가 철저했다. 이 시기에 나는 스스로를 절제하고 조절하는 내면의 힘을 기를 수 있게 된 것 같다. 당시 나는 모두의 로망인 법조계의 판검사가 되는 것보다는 보건의료 계통이 나의 적성과 개성에 맞는다는 생각을 했다. 1976년 검정고시를 무난히 합격하고 대학 진학을 준비하던 중 예비고사 체력장에서 다리를 삐는 바람에 결과적

박사 학위를 받고 축하받으며

제334호 서울大同窓會報 2006년 1월 15일 【27】

동창회보를 읽고

**회보 제작에 적극적인 참여 바란다**

우리 앞에 펼쳐지는 세상은 많은 면에서 너무도 빨리 다양하게 변화하고 있다. 대학은 이제 학습과 연구를 위한 순수기능뿐만 아니라 현대사회에서 유용하게 활용할 수 있는 전문기술과 적응력을 지닌 인재를 양성해내는 기능을 갖춰야 한다. 또한 공동체적인 문화적 욕구를 실현할 수 있는 공간으로서의 요구에 직면하고 있다. 따라서 앞으로의 대학문화는 개성과 다양성이라는 주제가 더욱 강조되고 있다. 그러므로 오늘날 대학에서 대학인의 무한한 문화적 욕구를 창출할 수 있는 매체의 중요성은 더 이상 논의의 대상이 되지 않는다.

이런 의미에서 대학 안팎에서 동창회보의 중요성은 아무리 강조해도 지나치지 않을 것이다. 동창회보는 우리 동문들의 생각과 느낌을 담고 있는 공간이다. 그리고 진정한 삶의 방향과 생산적 가치관을 제시하는 통대이다. 학내 외에서 논의되고 있는 주요사안에 대해 의견을 담아내는 역할을 수행해 왔으며, 모교의 발전과 동문들 간의 화목을 도모하는 데 앞장서왔다. 현대사회는 삶의 다양한 관점과 가치가 인정되는 시대이기 때문에 지난 세기에 우리의 삶을 대변해왔던 잘못된 의식을 새롭게 조명하려는 노력이 선행되어야 한다.

이러한 관점에서 현재보다 더욱 발전된 모습을 보여야할 시점이 되었다. 따라서 동창회보는 우리 사회나 대학의 발전을 선도하는 미래지향적인 관점과 가치관을 담고 이를 우리 동문들에게 진솔하게 전하는 역할을 해야 할 것이다. 동창회보는 우리 대학의 문화수준을 반영한다. 그리고 우리 동문들의 노력에 의해 만들어지는 것이다. 동창회보가 인간중심의 대학건설을 위한 공간으로서의 역할을 지속적으로 수행할 수 있도록 우리 동문들의 적극적인 참여와 협조가 있어야 할 것이다.

동창회보 자체가 만들어지는 것도 매우 중요하지만 어떤 구성으로 이루어지는지가 더욱 중요하다. 보편적인 것이 아니라 우리 동문 구성원의 삶에 도움이 될 수 있는, 살아 숨쉬는 회보로서의 목표를 실현하는 동문들 개인의 다양성을 담아 조화를 이루게 하고, 개인은 물론 공동체에게는 유익한 도구가 될 수 있는 질 좋은 용광로와 같아야 할 것이다.

이제 항구를 벗어나 동창회보는 인고의 세월동안 동문들이 쌓아온 은근함과 튼실함의 저력이 있기 때문에 앞으로 더욱 넓고 넓은 세상으로 보다 힘차게 순항할 수 있을 것으로 기대된다. 동창회보가 순항할 수 있도록 우리 동문들 모두의 관심과 사랑 그리고 무엇보다도 더욱더 적극적인 참여가 있기를 희망한다.

끝으로 매번 동창회보가 발간되기까지 많은 어려움이 있음에도 불구하고 모교를 사랑하는 마음으로 많은 격려와 헌신적인 노력을 기울이시는 모든 동문들께 진심으로 감사한다.

李 永 萬
(HPM 14기)
은평치과의원 원장

으로 내게는 바람직한 기회가 열렸다. 원광보건대학교에서 물리치료과, 동남보건대학교에서 치기공과를 전공한 것은 이후 미국 컬럼비아 치과대학, 서울대 치과대학연수원 임플란트 과정, 차의과학대학교 통합의학과 의학 석사과정을 이수하고 한림대 임상치의학 대학원에서 임플란트학 전공으로 치의학 석박사 학위를 취득하는 데 큰 도움이 되었다.

## 색소폰 합주단의 팡파르 속에서

2016년 1월 28일은 내가 제10대 한국자유총연맹 은평지회장에 취임하는 날이었다. 색소폰 합주단의 장중한 연주가 울려 퍼졌다. '뮤직 스와니 빅밴드' 악단의 30여 명 단원이 일찌감치 무대에 자리 잡고 식전 공연을 펼치고 있었다. 오후 3시가 되기 전에 은평구청 대강당 은평홀에는 화환이 빼곡하

게 들어찼고, 내빈과 구민들이 좌석이 부족할 정도로 모여들었다. 난과 화환이 100여 개나 되었고, 참석 인원은 700여 명을 넘어선 것 같다. 구청 관계자들은 은평홀이 생긴 이래 이렇게 많은 축하 화환이 들어오고 축하객이 운집한 것은 처음 있는 일이라고 했다. 행사장에 입장하면서 나 자신도 어안이 벙벙할 정도로 깜짝 놀랐다. 아내도, 어머니도 놀라기는 마찬가지였다. 어머니는 내게 귓속말로 속삭이셨다.

"아들아, 밤낮없이 열심히 살더니 이런 날도 있구나!"

오후 3시 정각, 국민의례를 시작으로 취임식이 거행되었다. 나는 한국자유총연맹 총재의 임명장을 받은 후 연맹기를 좌우로 힘껏 흔들었다. 우레와 같은 박수 소리가 식장에 울려 퍼졌다.

"여러 모로 부족한 사람이 참으로 큰 중책을 맡게 되었습니다. 책임의 막중함을 느끼며 걱정이 앞서기도 합니다. 그러나 회원 동지 여러분께서 지금처럼 격려와 성원을 보내 주시고 함께해 주신다면 저는 앞으로 3년의 임기 동안 최선을 다하겠습니다."
나는 이날 취임사를 통해 조직을 미래 지향적으로 활성화시키고 자유수호사업을 적극적으로 펼치며, 지역사회 발전과 사회통합을 위해 최선을 다하겠다는 각오를 밝혔다. 또한 북한의 권력세습 집단이 제4차 핵실험을 강행하여 세계와 우리를 경악케 할수록 안보의식을 드높이고 대한민국 헌법의 가치와 체제를 수호하기 위한 운동에 앞장서자고 강조했다. 아울러 탈북민의 정착을 돕고 소외된 이웃과 함께하며 은혜롭고 평화로운 은평구 만들기에도 적극 동참함으로써 지회 활동의 지평선을 넓혀 나가겠다고 말했다.

나는 취임식 이후 곧바로 은평지회 산하 조직을 점검하고 몇 곳은 새롭게 결성함으로써 16개 동 조직을 재정비했다. 살아 있는 조직을 구축하기 위해서는 적극적인 행동을 보여 주는 것이 중요하다고 생각했다. 나는 아무리 바쁘더라도 중앙과 지회에서 개최하는 캠페인과 강연회를 비롯한 각종 행사에는 회원들을 독려하며 적극적으로 참여하고자 했다.

## 다양한 봉사활동을 펼치며

7월 4일에는 청와대 영빈관에서 박근혜 대통령을

예방하고 '한국자유총연맹 회장단과의 대화' 행사에 참석했다. 대통령을 접견하고 오찬을 나누는 자리였는데, 나로서는 그야말로 가문의 영광이었다. 최선을 다해 열심히 살다 보니 여기까지 왔구나 싶어 감회가 새로웠다. 이날 행사는 한국자유총연맹 창립 62주년을 맞아 국민대통합에 앞장서고 있는 회장단과의 면담을 통해 연맹의 역할을 조명하고 앞으로의 비전을 새롭게 하며, 회원들의 사기를 진작하고자 마련되었다.

서두에 이런 이야기를 꺼내는 까닭은 시민 단체의 지역회장이 엄청난 감투나 명예라고 여겨서라기보다는, 나의 삶의 단면을 보여 주는 최근의 한 예로서 내가 그간 추구해온 신념이 또 하나의 결실을 맺었다는 생각이 들었기 때문이다.

주위 사람들은 한국자유총연맹 은평지회장 취임식을 바라보면서 "이 원장이 아마도 국회의원이나 구청장에 출마하려나 보다."라고 평하기도 했다. 또 출마하기만 하면 따 놓은 당상이라고 엄지손가락을 치켜세우는 사람도

꽤나 있었다. 사실 문득 문득 그러한 유혹을 느끼는 것도 사실이다. 그래서였을까? 지난 국회의원 총선 때는 참으로 곤혹스럽기도 했다. 이 당, 저 당에서 도와달라는 부탁이 끊이지를 않았다. 나의 인맥이 선거판 표심에 중요한 역할을 할 수 있다고 생각했던 것이다. 그러나 나는 엄정 중립의 입장을 취하기로 맘을 굳게 먹었다. 선거법상 추호라도 저촉되고 싶지 않았고, 그것이 내가 취할 마땅한 도리라고 생각했다.

서울대 개교 59주년 기념 총동문회 관악산등반대회에서 정운찬 총장과 함께

나는 어디까지나 사람과의 친교가 소중하다는 것, 내가 살고 있는 동네에 무엇인가 봉사하며 기여해야 한다는 것을 상식적인 기본으로 여긴다. 그 이상 정치적인 행보는 삼가야 한다고 선을 그었다. 치과의사로서 은평경찰발전위원장을 비롯한 직책을 여러 개 가지고 봉사활동을 펼치는 나에 대해 지인들은 "사람이 수더분하고 친근한 게 진국이다. 권위적인 데가 한 구석도 없다."고 평했다. 이것이 나의 장점이라면 그 이상을 넘어서지 말자는

것이 나의 생각이다. 돌이켜보면 15년 전, 은평구 불광동에 치과를 개원한 이래 지역사회의 여러 단체에 관여하면서 그야말로 눈코 뜰 새 없이 바쁜 나날을 보냈다.

## '지행합일(知行合一)'의 좌우명으로

'은평치과'에 들어서면서 환자들이 약간 놀라는 표정이다. 이유는 대기실 벽을 빈 틈 없이 채우고 있는 각종 감사패와 공로패, 표창장 그리고 임명장, 위촉장 때문이다. 이는 내가 살아온 삶의 궤적을 있는 그대로 보여 주는 증거물들이라고 할 수 있는데, 환자들이 나를 가리켜 "자랑스러운 우리 원장님"이라고 부르는 까닭이 이것과도 연관이 있지 않을까 싶다. 오전 9시 30분부터 오후 7시까지 매일 100여 명의 환자를 치료해야 하는 숨 가쁜 일정 속에서 어떻게 이런 대사회적 봉사활동을 전개할 수 있었는지 돌이켜 보면 나 자신도 신기할 정도다. 어쩌면 늘 가슴 속에 간직해 온 좌우명 '지행합일(知行合一)'이

생활 속에서 자연스럽게 실천으로 나타난 결과이리라.

그간 나는 은평적십자사 사업발전위원회 · 장애인치과 진료를 위한 해피 프렌즈 네트워크 · 은평사랑재능나눔봉사단 · 보물섬지역아동센터 · 독도수호국민연합 · 재경향우회 · 아동안전보호협의회 등에 관여해 왔으며, 현재 서울대 총동창회 종신이사 · 은평구 장애인체육회이사 · 연신중학교운영위원장 · 은평청소년육성회 고문 · 은평생활안전협의회 고문 · 대은초등학교 교의 · 경찰청 집회시위 자문위원회 위원 · 은평구민장학재단 이사 등의 직책을 맡아 봉사 차원에서 활동하고 있다.

(사)전주 이씨 대동종약원 서울특별시지원장으로부터 받은 표창장도 내게는 의미가 있다. 전주 이씨 덕원군 20대 손으로서 조상을 기리는 마음으로 문중에 기여한 데 대한 상이기 때문이다.

왕성한 사회봉사활동의 발자취

여러 봉사활동 중 내가 많은 시간을 할애한 소임은 은평경찰서 경찰발전위원회 위원장이다. 경찰발전위원회는 경찰관서의 치안정책 수립과 행정업무 발전에 도움이 되는 내용을 발굴·제공하는 행정분과위원회, 청소년을 대상으로 불법영업이나 가혹·착취 행위 등을 적발·선도하고 주민의 불편·요망 사항을 제보하는 선도분과위원회, 경찰관의 불법·부조리·불친절 행위를 시정하는 청문분과위원회 등 3개 분과위원회로 구성되어 있는데, 위원들은 지역사회에서 신망이 높은 모범적인 유지들로 30여 명이 위촉된다. 나는 이러한 은평경찰발전위원회의 위원장으로 6년간 활동해 왔으며, 동시에 31개 서울지방경찰청 경찰발전위원회 위원장 모임의 사무총장 겸 수석부회장직을 맡아 나름대로 최선을 다해 왔다. 돌이켜보면 자랑스럽고 보람찬 경험이었다고 생각한다. 몸은 힘들어도 '은혜롭고 평화로운 은평구' 발전에 일조한다는 자긍심을 가질 수 있었기 때문이다. 나는 기꺼이, 즐거이 이러한 일들을 감당해 왔고 앞으로도 그러할 것이다.

TV '진품명품' 프로에 출연할 때 선보인 도자기

## 문화예술에 대한 욕구

치의미전 공모전에서 입상한 유화

봉사활동 말고도 내가 관여하는 문화적 활동 영역이 있다. 2014년 4월 7일 은평문화예술회관에서는 《은평타임즈》가 주최하고 은평구청과 은평구의회가 후원하는 '제11회 신춘은평휘호대회'가 열렸다. 나는 이 행사를 주관하는 운영위원장을 맡아 대회사를 했다.

"『서경(書經)』 '홍범편(洪範篇)'에는 오복(五福) 중 네 번째를 '유호덕(攸好德)'이라 하여 덕을 좋아하며 즐겨 덕을 행하는 것을 선비의 덕목으로 삼았습니다. 이번 휘호대회가 참여한 모든 분들께 이 시대의 선비로서 덕과 복을 가꾸는 장이 되길 기대합니다."

나는 11회부터 13회까지 3년간 신춘은평휘호대회 운영위원장을 맡았고, 연신내 물빛공원에서 열린 '한국트로트 배호 가요제'에서도 축사를 했다.

나의 손재주는 아버지를 닮은 덕인지 모르겠다. 치과의사의 정교한 작업도 실은 손재주와 연관이 있다. 바리스타 2급 자격증도 따고, 그림에도 취미가

불광역 요지에 건축한 메디컬 센터

있어 2013년 6월 인사아트센터에서 열린 '제1회 치의미전' 공모전에서는 회화부문에 〈밝은 미소, 건강한 치아〉(50F, 유화)로 입선, 제2회에서는 사진으로 입선했다. 또 도자기나 골동품, 미술품에도 관심이 많다 보니 KBS TV 〈진품명품〉에 출연하기도 했다. 이렇게 활동하는 걸 보면 아마도 내 속에 잠재한 문화예술에 대한 끼가 때때로 분출하기 때문인 것 같다.

아무튼 두루두루 사람 만나는 것을 좋아하고 일 벌이는 것을 겁내지 않는 내 성격이 일인다역(一人多役)의 삶을 만들어 간다는 생각이다. 이렇다 보니 후배 결혼식 주례 서는 일도 마다하지 않게 되었다. 꽃다운 신랑신부에게 축복을 빌어 주는 자리에 서고 보니, 이제 내 나이가 많지도 않지만 결코 적지도 않구나 싶다. 감당해야 할 사회적 역할과 책임이 연륜만큼 무거워졌다는 자각이 든다.

## 가마솥 걸고

2016년 6월에는 한국자유총연맹 은평구지회 단합 친목대회를 열었다. 경기도 고양시 덕양구 신원동에 위치한 나와 어머니의 농장에 16개 동 회장을 비롯하여 회원 250여 명이 모였다. 수목이 울창한 숲속에 무대와 객석을 만들었다. 가마솥을 걸고 돼지 세 마리를 삶아 푸짐한 먹거리와 막걸리를 준비했다. 10년 전 이곳에 농장과 산을 매입하면서부터 내 머릿속에 구상했던 모임이 비로소 이뤄지는 느낌이 들었다.

2대에 걸쳐 경찰발전위원장으로 활동하면서 경찰행정과 지역사회 발전에 기여하고자 했다.

'뮤직 스와니 빅밴드' 악단의 색소폰 연주에 따라 노래자랑이 흥겹게 펼쳐졌다. 나도 노래 한 곡을 불렀다. 자타가 공인하는 애창곡 〈안동역에서〉이다. 이 노래를 부를 때마다 가수 뺨친다, 가수로 데뷔해도 되겠다는 분에 넘치는 칭찬을 듣는다. 모처럼 치과 진료실에서 해방되다 보니 심신의 긴장과 스트레스가 풀리는 듯하다. 회원들과 함께 막걸리 잔을 들고 유쾌하게 건배사를 외치고 나니 시원한 바람을 타고 시구가 떠올랐다.

그리 높지도 낮지도 않은산 중턱에서
발길을 멈춘다
느긋한 너럭바위가 따뜻해지는 시간
그리 빠르지도 느리지도 않은
유월의 햇살 속에서 눈을 감는다
살아 있는 듯 속삭이는 잎새
눈동자처럼 반짝이는 열매
깊은 잠에 취한 고목 옆에서
새싹 올리는 줄기들의 가쁜 숨소리
뿌리의 정적과 솟구치는 아우성이 뒤섞일 때
그 경계선에서 뒤돌아보는 아득한 꿈길
살아온 길이 살아갈 길을 넘어선
그리 길지도 짧지도 않은 삶의 중턱
그 비탈길 위에 빛바람 불어와
또다시 벅찬 꽃망울 터지고 있다.

— 졸시 〈삶의 중턱에서〉

## '이〔齒〕'가 자식보다 낫다

예로부터 우리나라 사람들은 가장 행복한 삶을 지칭할 때 "오복(五福)을 갖추었다."라고 했다. 그래서 새로 집을 짓고 상량(上梁)할 때 대들보에 연월일시를 쓰고 그 밑에 "하늘의 세 가지 빛에 응하여 인간 세계엔 오복을 갖춘다(應天上之三光備人間之五福)."라고 쓰는 것이 전통적인 관례가 되었다.

오복은 오래 살고〔壽〕 재물이 풍족하며〔富〕 건강하고〔康寧〕 복을 지으며〔攸好德〕 편하게 천수를 누리다 생을 마치는 것〔考終命〕인데, 여기에 치아 건강과 부부 해로, 인복(人福)을 넣기도 한다.

치아가 얼마나 소중한지 이가 아파 먹지도 못하고 말하기도 힘든 고통을 당해 본 사람은 알 것이다. 오죽하면 "이가 자식보다 낫다.", "앓던 이 빠진 것 같다."는 속담이 있을까. 그런데도 사람들은 '치과' 하면 겁부터 낸다. 아파서 무섭고 비싼 치료비가 겁나서 치과 가는 것을 주저하게 된다고 한다. 원초적 본능과 생명 현상을 생각하면 치아 건강이야말로 단연 오복 중의 하나가 아닐 수 없다.

상담실장을 맡고 있는 아내

오복 중에 사람들의 '치복(齒福)'을 관리하는 직업이 바로 치과

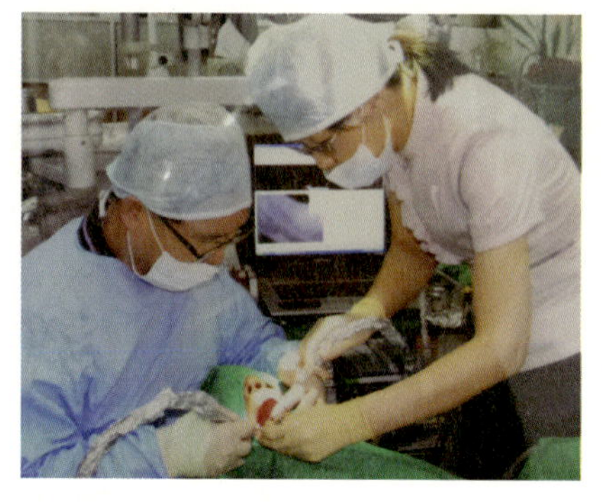

의사이다. 치과환자에게는 치과의사가 바로 구세주처럼 느껴질 수밖에 없다. 그래서 나는 늘 스스로에게 주문을 건다. '나는 구세주 같은 치과의사다. 나는 치복(齒福)을 주는 치과의사다.'

사실 온종일 환자의 입을 들여다보며 진료하는 치과의사의 일과는 그 스트레스가 매우 크다. 좋아서 하지 않는다면 화병에 걸릴 수도 있는 직업이 바로 치과의사다. 그래서 나는 일찌감치 나의 직업을 하늘이 부여한 소명이자 천직(天職, calling)으로 받아들였다. 『중용(中庸)』 제25장에는 이를 뒷받침하는 내용이 있다.

성(誠)이란 것은 스스로 이루는 것이요, 도(道)라는 것은 스스로 가는 길이다. 성이라는 것은 사물(事物)의 처음과 끝으로서, 성(誠)하지 않으면 사물이 있을 수 없다. 그러므로 군자는 성을 귀하게 여긴다(誠者自成也而道自道也. 誠者物之終始不誠無物. 是故君子誠之爲貴.).

지금까지 치과의사로서 이런 소신을 가지고 연구,

개척하며 봉사해 온 나의 삶을 돌아보면 "하늘은 스스로 돕는 자를 돕는다."라는 말을 실감한다. 주위에서는 나를 두고 오복 이상의 복을 받은 사람이라고 말한다. 사람들의 치복(齒福)을 관리하는 의사로서 일복〔事福〕· 인복(人福) · 처복(妻福) · 문복(文福) · 건강복(健康福) · 복 짓는 복(유호덕(攸好德)) · 부복(富福)을 받았고, 치과의사와 치위생사가 되겠다는 아들딸까지 두어 자식복(子息福)까지 받았으니, 성경에 "우리가 알거니와 하나님을 사랑하는 자, 곧 그 뜻대로 부르심을 입은 자들에게는 모든 것이 합력하여 선을 이루느니라. (로마서 8 : 28)"라고 한 말씀이 내게 합당하다는 것이다.

자부심과 긍지로 일하는 은평치과의 가족들

## 신기술 '초이스 임플란트 시스템(CIS)' 특허

끊임없이 진보하는 의학계에서 쉼 없이 신기술을 연구하고 자격증을 터득하지 않으면 안 되는 것은 치과 분야도 마찬가지다. 나는 한림대 의과대학에서 「금은화 추출물이 구취 제거 및 치주조직에 서식하는 세균에 대한 항균 작용에 미치는 영향에 관한 연구」로 박사학위를 받았다. 원인도 다양하고 근본적인 치료법도 나와 있지 않기 때문에 많은 사람들이 심리적인 부담감과 함께 사회생활에 불편함을 겪는 것이 바로 구취 문제이다. 이 논문은 구강세정제, 구취제거제를 개발하기 위한 방법론을 연구한 논문인데, 전문적인 연구 분야라 일반인들은 봐도 이해하기 어렵다.

모든 학문이 그렇겠지만 치의학 분야 역시 박사학위를 땄다고 공부가 끝나는 것은 결코 아니다. 단골 환자들이 어쩌다 원장실에 들어와서 헤아릴 수 없을 정도로 걸린 각종 학술세미나 참가 명찰을 보고는 입이 딱 벌어진다. 병원 개원했으면 됐고, 환자들 많으면 됐지 바쁘게 사는 사람이 어떻게 저렇게 공부하러 다니느냐는 것이다. 나는 의사로서의 자질과 품격을 지켜 나가기 위해서는 이런 지속적인 학구열과 열정이 있어야 한다고

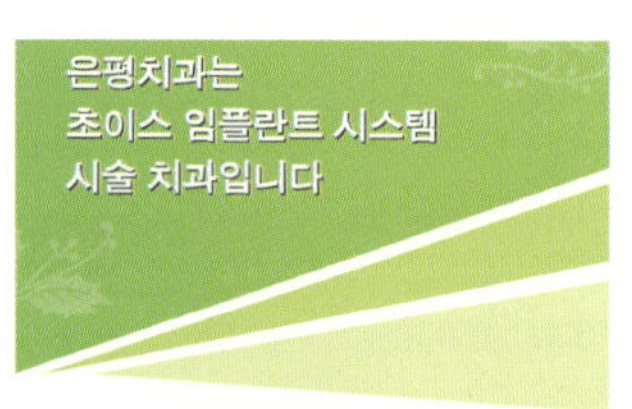


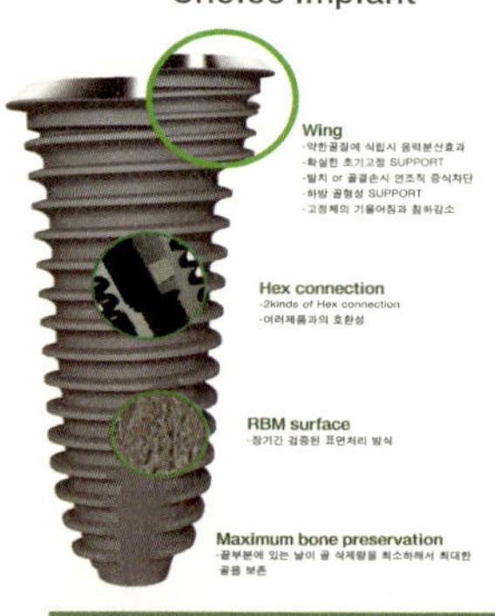

생각한다.

나는 기회만 있으면 전공과 관련된 공부를 이어 가며 자격증을 취득했다. 그간 미국 컬럼비아 치과대학 보철임플란트학과와 서울대 치과병원 턱교정외과를 수료했으며, 통합치과 전문 임상의·대한치과 임플란트학회 인증의·대한치과 턱관절학회 인정의 자격증을 취득했다. 그리고 대한치과 보철학회 우수보철의사, 대한구강악안면임플란트학회 우수회원으로 선정되기도 했다. 또한 기회가 되는 대로 강단에 서서 열과 성을 다해 배운 것을 전수하는 노력도 기울였다. 혜전대학교 치기공과 강의교수·경북대학교 치위생과 겸임교수·서울대학교 치과대학 연수원 외래교원을 역임했으며, 현재 한림대학교 임상치의학 대학원 외래교수·성균관대학교 의과대학 외래조교수로 강의

하고 있다.

나에게는 서울대학교 23대 총동창회 이사를 역임하며 동창회 발전에 기여한 공로로 총동창회의 종신이사로 등재된 것도 뜻깊은 일이며, 현재 지역사회에서 은평구치과의사회 법제이사로서도 활약하고 있는 것도 보람찬 일이다.

내가 치과의사로서 가장 열정을 쏟는 곳 중 하나는 학문적인 연구와 교류를 위한 단체 'CIS 임플란트 연구회'이다. 이 모임은 CIS 임플란트의 임상적인 연구뿐 아니라 임플란트와 관계되는 기초 연구를 통해서 임플란트의 기능적, 생물학적 수준을 끊임없이 높여 가고 임플란트의 질을 개선하며 실제적인 시술에 대한 방법적 기준을 마련함으로써 임플란트의 유지 및 후유증 관리에 대한 학문적, 임상적 방법을 제고하는 데 그 목적을 두고 있다.

이러한 연구 활동을 통해 2013년 '초이스 임플란트 시스템(CIS)'으로서 '응력분산형 임플란트 고정체'에 대한 발명 특허(제10-1327655호)를 획득한 것은 노력과 집념, 그리고 추진력이 만들어

낸 귀중한 성과라고 할 수 있다. 임플란트 고정 기술을 진일보시킨 이 특허기술 제품은 약한 골절에 식립할 때 응력분산 효과가 있으며, 초기 고정을 확실하게 지지해 주고, 발치나 골 결손 시 연조직 증식을 차단하는 효과가 있다. 동료 의사들로부터 임플란트에 날개를 달아 주었다는 평가를 받았고 그 성취감도 컸다.

2014년 11월 23일에 열린 제4회 서울대학교 임상치의학 학술세미나에서는 내가 선보인 발명특허품 '초이스 임플란트'가 주목을 받았다. 나는 '라이프 덴토메디칼' 회사를 설립하여 전국 치과병원에 초이스 임플란트를 공급하고 있으며, 앞으로는 대량 생산하여 중국과 동남아에 수출할 계획도 가지고 있다. 나의 이 구상은 돈을 벌기보다는 질 좋은 임플란트를 공급하자는 데 그 목적이 있다. 또 후속 모델도 준비 중이라는 설명에 많은 분들이 격려를 아끼지 않았다. 이 자리에는 계용신 서울대 치과대학 연수원 총동창회장, 홍예표 전 회장,

박기성 학술이사, 이영준·이승호 이사 등 임원을 비롯한 많은 동문들이 참석, 깊은 관심을 보여 주었다. 이날 계용신 회장으로부터 학술세미나 개최에 기여한 데 대한 감사장을 받기도 했다.

'임플란트 명의 100인'에 선정, 메디컬센터 빌딩을 세우다

'서민에게 문턱이 낮은 편안한 병원'으로 소문난 은평치과는 오전 9시 30분 진료가 시작되기도 전에 대기실이 환자들로 가득 찰 때가 많다. 특히 월요일이면 환자들이 장사진을 친다. 이는 임플란트와 틀니가 이제 의료보험 혜택을 받게 된 영향도 있는 것 같다. 고심 끝에 얼마 전부터는 예약을 받지 않고 접수하는 순서에 따라 진료하고 있는데, 이 시스템이 자연스럽게 정착되었다. 불광역 대조시장에 자리 잡은 지 15년, 열심히 몸부림치다 보니 어떻게 흘렀는지 모르게 지나간 세월이다.

우리 병원에는 서민층의 어르신들이 비교적 많은 편인데 면면이 가족처럼 느껴진다. 다들 단골이시

다. 이분들께 왜 우리 병원에 오시느냐고 물으면 편해서 좋고, 잘해 줘서 좋고, 의술이 좋기 때문이라고 한다. 다른 질환의 경우도 마찬가지겠지만, 치아 건강도 예방이 중요하다. 그래서 나는 치아에 관한 기초 지식과 건강 상식을 틈나는 대로 환자들에게 역설하고 지역신문에 칼럼으로 연재하기도 한다. '환자들이 어떻게 하면 부담감을 덜고 편안하게 내원할 수 있을까?' 이는 늘 치과의사로서 내가 갖는 화두다.

오늘의 은평치과는 나 혼자만의 노력으로 이루어진 것이 아니다. 병원 문을 열고 들어서면 제일 먼저 대기실 카운터에서 환자들을 맞아주는 푸근한 미소의 상담실장 남현순은 바로 나의 아내다. 병원 살림살이의 총책이기도 한 아내는 고객 환자들의 병력은 물론 집안 사정까지 두루 꿰고 있는 정보통으로, 환자의 대모역(代母役)을 한다. 아내와 결혼할 당시 장인어른은 호랑이 두 마리가 높은 산에서 포개어 자는 꿈을 꾸었다며 둘이 잘 살 것이라고 하셨다. 사람들이 우리 부부를 "부창부수(夫唱婦隨), 찰떡궁합"이라고 하는 걸 보면 아무래도 그때 그 꿈이 맞는 것 같다. 호흡이 척척 맞는 12명의 치위생사와 기공사의 잽싼 발걸음과 손놀림도 우리 은평치과의 일등공신이다.
병원을 내원한 사람들은 병원 분위기가 편하고 부드럽다고 말한다. 은평치과를 방문했던 한 시인이 시를 써서 보내왔다.

소문으로 알고는 있었다
거기 가면 이빨이 편케 된다는 것을.
영혼마저 질식시킬 듯한
지독한 치통을 누가 끝내줄꼬 하니
배고파도 씹어 삼킬 수 없는
서러운 고통을 누가 풀어줄꼬 하니
연신내역에서 내리는 어르신이
씰쭉 웃으며 가리킨다.
녹번역에서 전철 타는 꼬맹이가
방글거리며 가리킨다.
불광역 대조시장에 가면
아들 같고 아빠 같은
히포크라테스 박사의
정겨운 눈길과
자상한 손길을 만나
웃을 수 있다고.
그렇지, 아무리 살림살이 빡빡해도

이빨만은 수호해야지.
찾아보니 시장통 한가운데 문턱 없이
자리 잡은 은평치과라.
일찌감치
은혜롭고 평화로운
은평 동네의
사랑방이 되었나
아홉 시 반 땡 하고 문 열자마자
대기실이 빼곡히 차는구나.
눈치코치 척척 열두 명 간호사 기공사들 발 빠르고
총각 같은 원장박사 이마에 땀방울 맺히는데
듬직한 상담실장 역 부인의
교통정리 솜씨가 노련하다.
이토록 사계절 하루같이 바쁜 와중에
무슨 감사패며 공로패며 표창장을
이리도 많이 받았노?
물으니, 단골들 이구동성 외친다.
노블레스 오블리주라고
이 양반 최고 박사여, 우리 동네 진짜 스타여!
물으니, 이 박사 답한다.
어린 날 꿈에도 소원인 치과의사 의학박사
죽자 사자 이뤘더니 눈물도 보석이 되더라고!

이제 환자마다 부모 자녀 같아서
바빠 제 때 밥 못 먹어도
배고픈 줄 모르겠노라고!
아, 수더분한 몸짓에
히포크라테스의 양심과 품격으로 우뚝 선
은평 동네의 자상한 주치의여!
내게도 튼튼한 이빨 하나 심어 주시오!

– 〈'은평 동네의 자상한 주치의여!', 김산경 시인〉

2016년 7월 1일부터 그간 70세 이상에 적용되었던 임플란트와 틀니 보험 적용 기준이 65세로 확대 적용되었다. 참 다행스러운 일이다. 시술이 절실하면서도 비용 때문에 망설이거나 결국 포기하는 환자들을 볼 때마다 얼마나 안타까웠는지 모른다. 우리 삶에서 씹는 즐거움, 잘 먹을 수 있는 기쁨을 빼면 무슨 즐거움이 있겠는가.

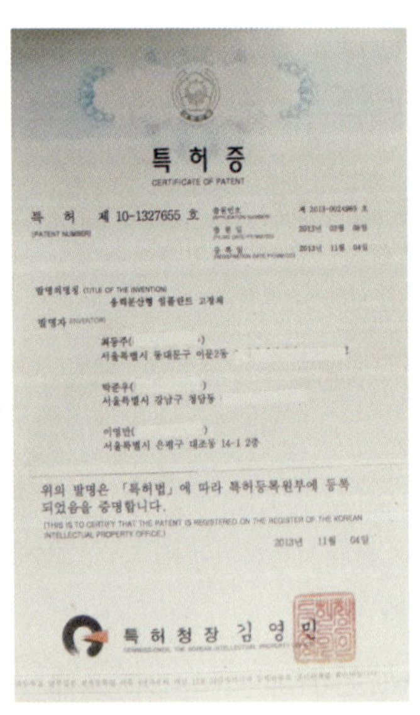

특 허 증
CERTIFICATE OF PATENT

특 허 제 10-1327655 호
(PATENT NUMBER)

발명자 (INVENTOR)

최동주( )
서울특별시 동대문구 이문2동

박준우( )
서울특별시 강남구 청담동

이영빈( )
서울특별시 은평구 대조동 14-1 2층

위의 발명은 「특허법」에 따라 특허등록원부에 등록되었음을 증명합니다.
(THIS IS TO CERTIFY THAT THE PATENT IS REGISTERED ON THE REGISTER OF THE KOREAN INTELLECTUAL PROPERTY OFFICE.)

2013년 11월 04일

특 허 청 장 김 영 민

그런데 병원 진료 임상 경험상 임플란트 1~2개로 해결되는 경우는 거의 없다. 더 많은 식립을 필요로 하는 사례가 많기 때문에 평생 2개밖에 보험 혜택을 받을 수 없다는 사실이 조금 아쉽다. 또 50%의 비용도 여전히 부담스러워한다는 것, 연령대도 제한적일 수밖에 없다는 것 등도 아쉬운 점이다. 이왕이면 본인 부담금을 더 낮춰 저소득층을 포함해 더 많은 분들이 혜택을 볼 수 있는 과감한 치아복지 정책이었더라면 좋았겠다 싶다.

일전에 임플란트를 끝낸 단골 어르신이 내 손을 꼭 잡고는 "이제 살맛 난다."며 함박웃음을 지었다. 치아 건강은 삶의 질, 행복 지수를 향상시키는 데 직결된다. 그만큼 우리 삶에 있어서 치아 건강이 미치는 영향이 크다는 의미이다.

2013년 10월 불광역 인근 요지에 7층 규모의 '메디컬센터' 빌딩을 세워 오픈했다. 나는 이 빌딩이 나의 꿈과 집념이 담긴 또 하나의 '복(福)의 결정체'라고 믿는다. 여기에는 내가 단지 치과의사로만 머물지 않고 지역사회 발전을 기원하며 봉사활동을 해온 불면의 기록이 공든 탑처럼 농축되어 있기 때문이다. 나는 지역사회에서 받은 복을 지역주민을 위해 환원하는 것이 마땅하다고 생각한다. 이 빌딩에 장학재단 사무실을 두어 학습 지원도 하고 어려운 이웃과 음식도 나누겠다는 청사진도 이러한 생각의 발로에서다. 나를 가까이에서 지켜본 지인들은 나의 활동상을 '보람차고 건강한 삶의 롤모델' 이라고 과찬하기도 한다. 최근에 나는 '대한민국 임플란트 명의 100인' 에 선정되었다. 참으로 기쁘다.

## 어머니의 손 놓지 않으리

불광역 은평치과에서 불과 20~30분이면 찾아가는 일산시 덕양구 신원동의 전원마을, 삼송역에서는 10분이면 송강(정철)고개를 넘어 바로 당도하는 곳. 쭉쭉 뻗어 치솟은 참나무, 상수리나무가 빼곡하고 매실수까지 제법 자란 야산 자락에 나와 어머니의 농장이 자리 잡고 있다. 내가 들어서는 발자국 소리가 나면 문 앞에서 잘생긴 진돗개 '두부' 와 크고 작은 강아지, 고양이들이 반갑다고 이리 뛰고 저리 뛴다.

12년 전 이곳의 신선한 공기와 조용한 숲의 정취에 매료되어 임야 한 자락을 매입하고 어머니를 위한 조립식 주택을 직접 지었다. 겉으로 보면 비닐하우스지만 내부 구조는 안락하고 따뜻하다.

어머니는 아직도 얼굴선이 곱지만 허리는 기역 자

로 굽었다. 40세의 젊은 나이에 남편을 하늘로 보내고 홀몸으로 4남매를 키우셨으니 얼마나 고생이 많으셨을까. 어머니를 생각하면 가슴이 울컥해질 때가 많다. 어머니 건강을 위해서 편히 모시겠다고 이곳으로 모셔왔는데, 오히려 일감을 잔뜩 던져 준 결과가 된 것도 같다.

독하게 몸에 밴 근로습관 때문에 어머니는 손에서 일을 놓지 못한다. 제법 널찍한 밭에 깨, 배추, 고추, 무, 고구마, 호박, 감자 등을 길러 내는 농사일이 해도 해도 끝이 없다. 주위에서 아들이 저 만큼 성공했으니 좀 편히 쉬셔도 되지 않느냐고 하면 어머니는 말씀하신다.

"눈에 보이지 않아야 손을 놓지. 저 땅을 어떻게 놀려두노?"

그리고 한 말씀 더 하신다.

"우리 영만이가 공부하겠다고 꽤나 애쓰더니만 마침내 제 몫을 하누만그랴. 어릴 때 코흘리개 시절에도 친구들 앞에서 나팔 마이크 들고 연설도 해쌌더만."

아내와 딸과 함께 뉴욕에서

옆으로 기찻길이 지나가는

서울대 치과대학 총동창회 홍예표 전 회장과 함께

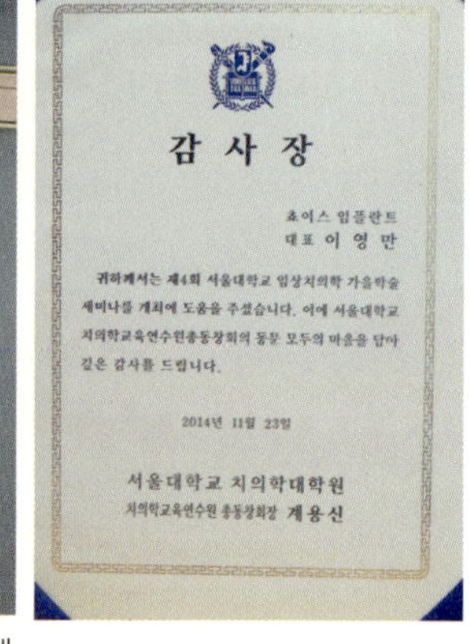
감 사 장

초이스 임플란트
대표 이 영 만

귀하께서는 제4회 서울대학교 임상치의학 가을학술 세미나를 개최에 도움을 주셨습니다. 이에 서울대학교 치의학교육연수원총동창회의 동문 모두의 마음을 담아 깊은 감사를 드립니다.

2014년 11월 23일

서울대학교 치의학대학원
치의학교육연수원 총동창회장 계 용 신

이 천혜의 전원농장을 이웃과 지인들을 위한 사랑방 문화쉼터로 만들고 싶다. 올 초에 하우스 옆에 멋들어진 정자를 세웠는데, 정담을 나누기에 참 안성맞춤이다. 6월 말일에는 병원 직원과 이웃들이 정자에 모여 고기도 구워 먹고 매실을 따서 나누고 보물찾기도 하는 모임을 가졌다. 얼마나 즐겁고 흐뭇했는지……. 조만간 족구장도 마련하여 건강한 웃음이 넘쳐나게 하고 싶다.

나는 2015년 12월호 월간 《문학바탕》에 〈어머니의 하루〉 외 4편의 시를 게재함으로써 시인으로 등단하는 과정을 마쳤다. 진료를 하면서, 농장을 오가면서, 어머니와 함께 농작물을 기르면서 문득문득 떠오른 시상(詩想)을 정리하다 보니 시심(詩心)이 조금씩 자란 것 같다. 아직은 서툴기 짝이 없지만 시는 나에게 또 하나의 삶의 안내자가 되어 주지 않을까 하는 기대를 해 본다.

이웃 어른, 동생부부 모여 김치 담그는 날

남편을 가슴에 묻고 47년을 하루같이 '자식바라기'로 살아오신 어머니께, 그리고 너무나 안타깝게도 일찍 저 하늘나라로 가신 아버지께 나의 서툰 시라도 들려줄 수 있다는 것이 기쁘고 감사하다.

꼼짝없이 온종일 환자의 치아를 들여다보며 정교한 치료를 하는 치과의사의 하루하루는 그야말로 스트레스의 연속이다. 그 지독한 스트레스를 푸는 방법은 환자들의 복을 빌어 주는 나만의 주문을 시처럼 외는 것이다. 복을 비는 주문을 시처럼! 그러면 또 다른 삶의 지평이 보다 환하게 열리지 않을까?

상수리숲 사이로 달리는
신원동 녹슨 철길 위로
어머니의 무명치마처럼
소복이 눈이 내려
그 위에 누워 꿈을 꾸노라면

적막한 어둠조차
어찌 그리 포근한지
지난 날 빛바랜 일기장의
가슴 저린 사연
시야를 흐리는 이야기들 되살아나
파노라마처럼 흘러간다
언젠가 흰 눈 소복이 내리는 날
신원동 녹슨 철길 위로
푸른 기적소리 울리며
꿈처럼 꿈의 열차 달려와
저 상수리숲 너머로 비상할 때
어머니 손 놓지 않으리
하늘 땅 경계 없이
어디로든 펼쳐지는 기차 소풍놀이에
어머니와 더불어 한껏 웃으리.

농막에서 강아지를 돌보는 어머니

2010년 4월 온가족이 모여 베푼 어머니 팔순잔치

# 2부

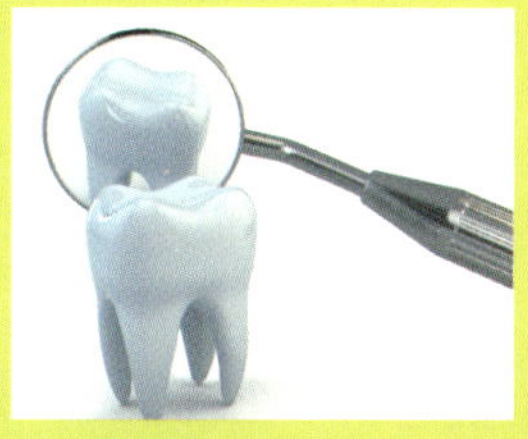

# 치의학 칼럼

# 치아건강을 위한 가이드

1. 칫솔질과 스케일링

대표적인 치과질환인 충치와 치주질환을 예방하기 위한 가장 효과적이면서도 손쉬운 방법은 우리가 일상적으로 매일 반복하고 있는 칫솔질이다.

특히 유아의 칫솔질은 유아 스스로 칫솔질을 할 수 있을 때까지는 부모가 꼼꼼히 닦아줘야 한다. 치아가 나기 시작하면 가제수건, 손가락, 실리콘, 칫솔 등을 이용하여 치아, 혀, 볼 안 쪽, 잇몸까지 닦아준다. 이때는 치약을 꼭 사용하지 않아도 된다. 또한 부모는 자녀와 입맞춤을 할 때 조심해야 한다. 이 시기에 아기의 입 속으로 충치균(뮤탄스균)이 전염될 수 있기 때문이다. 정기적으로 치과 검진과 스케일링을 받는 것도 중요하다.

2. 좋은 식습관과 나쁜 식습관

비타민 · 무기질을 포함한 영양소가 골고루 포함된 균형 잡힌 식단으로 치아와 잇몸의 건강을 도모할 수 있다. 4대 영양소가 골고루 포함된 균형 잡힌 식단은 치아와 주위 조직들의 성장발육을 도와준다. 식사와 간식은 단 음식을 피하고 인스턴트식품

보다는 자연식품을 섭취하여 충치 발생을 예방하도록 한다.설탕이 들어간 음식을 아예 제외시킬 수는 없으므로 간식보다는 식사를 통해 설탕 성분을 섭취하도록 하는 것이 좋다. 끈적거리는 단 음식을 먹으면 설탕 성분이 오랫동안 입안에 남아있게 되므로 주의해야 한다. 목이 마를 경우 탄산음료나 이온음료보다는 물을 마신다. 씹는 힘을 길러주기 위해 단단한 느낌의 야채나 과일을 먹는 습관을 기른다.어려서부터 너무 부드러운 질감의 이유식이나 간식에 익숙해지면, 씹는 힘이 발달되지 않아서 나중에 성장기에 가서는 편식의 원인이 될 수 있다.또한 성장기에는 특히 튼튼한 치아발달을 위해서 충분한 칼슘 섭취가 필요하다.

### 3. 담배는 멀리, 칫솔은 가까이

흡연이 폐암을 비롯하여 여러 가지 질병을 일으킨다는 것은 널리 알려진 사실이다. 특히 흡연의 첫 통로가 구강이기 때문에 구강 질환의 직접적인 원인이 된다. 담배연기를 빨아들일 때 반복적인 음압이 형성되고 높은 열이 발생하여 구강 및 후두부의 연조직을 손상시키고 일산화탄소, 니코틴 및 타르 등 각종 화학물질들은 뇌혈류를 타고 각성을 유도

하여 중독에 이르게 한다. 구강 내에서는 표면 점막세포가 손상되거나 죽으면 치태처럼 축적되고 이는 만성 치은질환으로 이어지게 된다.

### 4. 흡연이 치아건강에 미치는 영향

임산부의 흡연은 태아의 조산, 저체중, 유치의 법랑질 형성부전증을 유발한다. 또한 흡연은 구강 점막과 연조직의 탄력성 감소, 칫솔질이나 스케일링으로 회복이 불가능하여 치료적 미백이 필요한 치아의 변색, 구강건조증 및 이로 인한 다발성 치아우식증, 치주질환, 입냄새, 창상치유 지연, 발치 후 합병증, 임플란트 수술 실패 등을 유발합니다. 이와 같이 흡연이 여러 질환의 원인으로 밝혀짐에 따라 구강보건을 담당하고 있는 치과의사의 의무도 중요해지고 있다. 치아를 치료하는 과정에서 흡연이 구강조직에 미치는 영향과 함께 각종 질환을 설명해야 할 기회가 많아지고 있기 때문이다. 이미 선진국에서는 치과의사가 금연운동을 주도하고 있다. 치과치료를 금연의 기회로 삼아서 구강건강뿐만 아니라 전신건강도 향상시키면 좋을 것이다.

# 치아착색과 음식

## 착색을 막을 수 있는 음식

### 1. 파인애플

파인애플에 들어 있는 브로멜라인과 파파인이라는 단백질 분해효소가 치아의 표면 손상 없이 얼룩을 없애는 데 도움을 준다. 또 플라그를 분해하는 역할도 한다.

### 2. 브로콜리와 양배추

브로콜리, 양배추와 같은 구강 청정식품은 치아 건강에 좋은 식품으로 이미 잘 알려져 있다. 브로콜리 속의 철분은 치아에 산 성분이 직접적으로 닿는 것을 막아주는 방패 역할을 한다.

## 착색을 일으키는 음식

### 1. 홍차와 커피

홍차와 커피는 치아 착색을 유발하는 대표적인 음식이다. 반면 치아를 검게 물들일 것이란 오해를 자주 받고 있는 콜라는 착색을 거의 일으키지 않는다. 커피 성분 자체는 치아 건강에 해를 끼치지 않지만 문제는 커피 첨가물이나 마시는 방식에 있다. 캐러멜마키아토의 캐러멜은 당도가 높을 뿐만 아니라 치아에 끈적끈적 달라붙어 충치를 유발한다. 자판기 커피도 충치를 부르는 주범이다. 카페라테에 들어가는 우유의 단백질과 유당은 충치와 구취를 불러온다.

2. 와인

일반적으로 와인은 산도가 높다. 여러 연구에 따르면, 레드와인의 크로모겐이라는 강력한 색소 물질은 치아표면을 침투해 치아착색을 유발하고 안토시아닌과 타닌은 치아를 얼룩지게 만든다. 레드와인보다는 약하지만 화이트와인 역시 치아착색을 유발할 수 있다.

3. 초콜릿

치아 건강에 도움이 된다고 알려진 초콜릿의 카카오에 함유된 폴리페놀로라는 성분은 플라그 생성을 억제한다. 그러나 시중에서 파는 초콜릿은 카카오 함유량이 20%이고 대부분이 주로 당분과 화학 첨가물이다.

또한 카카오보다 박테리아의 먹잇감인 당분이 훨씬 많아 양치질을 제대로 하지 않을 경우 충치나 치아 착색을 일으켜 치아 건강에 악영향을 미칠 가능성이 높다

4. 블루베리와 체리

블루베리, 체리와 같은 식품은 건강에는 좋지만 치아에 착색을 유발한다. 그래서 블루베리나 체리를 먹은 후에는 입안을 물로 헹구는 것이 좋다. 하지만 딸기는 얼룩지게 하지 않는다. 케첩, 카레도 치아변색을 유발한다.

## 치주질환 자가 진단법

- 식사 후 이와 이 사이에 음식물이 자주 낀다.
- 잇몸을 눌렀을 때 피나 고름이 나온다.
- 입 냄새가 심하게 난다.
- 이를 닦으면 피가 많이 난다.
- 잇몸이 연분홍이 아닌 빨간색이고 많이 부어 있다.
- 이가 흔들린다.
- 충치가 없는데도 찬물을 먹으면 이가 시리다.
- 이와 잇몸 사이가 들뜬 느낌이 든다.
- 치아 사이가 벌어진다.

위의 증상 가운데 해당되는 것이 있다면 치주질환을 의심해야 한다. 치주질환의 경우 초반에 치료하지 않으면 오랜 시간 치료가 필요함으로 악화되기 전에 치과에 내원하여 적절한 치료를 받는 것이 가장 좋은 방법이다.

모든 질병은 치료보다 예방이 중요하다. 특히 치주질환은 질병 특성상 한번 진행 되었을 때 시간과 노력이 많이 필요하며 재발이 많은 질병이다. 그러므로 치료보다는 예방이 무척이나 중요하다.

우선 가장 좋은 예방법은 주기적으로 치과에 내원하여 건강검진을 받는 것이다. 정기적인 내원으로 플라그를 제거하면 치주질환 뿐만 아니라 충치 예방도 더불어 할 수 있다.

집에서 할 수 있는 방법은 올바른 칫솔질을 하는 것인데, 개인마다 치아 구조와 모양이 제각각이기 때문에 자기에게 적절한 칫솔질을 올바르게 실천하는 것이 중요하다. 또한 칫솔뿐만 아니라 치실이나 혀 클리너, 구강청결제 등 구강관리 용품을 적절히 사용하는 것이 좋다.

## 충치균이 심장병을 부른다

치아에 생긴 충치균이 심장병을 일으킬 수도 있다는 연구결과가 있다. 연구에 따르면 입속 세균 중 심장병의 원인이 되는 충치균은 '뮤탄스균'인 박테리아로, 이는 치아를 덮고 있는 제일 바깥쪽에 있는 에나멜층을 녹이고 충치를 일으키는 세균이다.
이 균은 충치를 통해 신경을 타고 가거나 잇몸질환 등으로 인한 입안 상처를 통해 혈관으로 흘러들어 가기도 하는 것으로 알려졌다.
이 때문에 오래된 충치를 방치해 신경이 드러나거나 치과진료 중 잇몸에서 피가 나는 경우, 입안에 상처가 지속되는 경우 조심해야 한다.
특히 뮤탄스 균은 혈관으로 들어가 심장에 들러붙어 번식하는 강력한 생명력을 지니고 있어, 심내막염 등 세균성 심장 질환의 원인이 될 수 있다는 것이다. 연구 결과 뮤탄스균이 심장에서도 활발하게 활동할 수 있는 이유는 'CNM' 이라고 알려진 단백질 때문이며, 뮤탄스균에도 여러 종류가 있는데 특히 활발하게 움직일 수 있는 원동력이 되는 CNM 단백질의 도움을 받는 균들이 주로 심장에 자주 침투하는 것으로 나타났다.

연구자는 "충치를 일으키는 균 전체가 심장 질환에 문제가 될 수 있다고 생각해야 한다."며 "구강 위생 관리를 철저히 하는 것이 관련 질병을 예방하는 최고의 방법"이라는 조언을 했다.

충치균으로 인한 심장 질환을 예방하기 위해서는 우선 입속에 오래된 충치를 치료해야 한다. 충치가 오래되면 신경까지 썩어 혈관과의 주출입구가 되기 때문이다. 다음으로 올바른 양치질과 양치 습관뿐만이 아니라 가글을 자주하는 것도 중요하다. 당뇨병이 있는 경우는 시중의 구강양치액이나 생리식염수로 가글하는 것이 좋고, 고혈압이 있는 경우는 나트륨이 없는 구강양치액을 사용하는 것이 좋다.

## 방치해서는 안 되는 이갈이

대표적인 수면질환 중 하나인 이갈이는 성인 5~20%가 겪고 있는 질환으로 어린이 때 생긴 버릇이나 스트레스로 인해 생긴다. 이갈이는 수면 중 반복적으로 저작근육이 활성화 되어 이를 좌우로 갈거나 꽉 무는 현상으로, 깊은 수면을 하지 못하게 한다. 이갈이는 평소보다 무의식적인 상태에서 2~10배 강한 힘으로 이를 갈기 때문에 치아에 마모가 심하게 되고, 주위 조직에 영향을 미쳐 치아가 시린 증상과 치아 수복물의 파절 및 탈락을 일으킨다. 뿐만 아니라 강한 힘으로 인해 턱근육의 무리한 힘과 긴장으로 턱관절 관련 질환의 원인이 되고 사각턱을 야기한다.

이를 해결하기 위해서는 마우스 피스를 장착하는데 플라스틱 재질로 취침시에 치아에 장착하여 수면 중 이갈이를 할 때 발생하는 강한 힘으로부터 치아와 치주조직을 보호하고, 턱관절에 무리가 가지 않도록 힘을 분산시킨다. 이와 함께 보톡스 주사를 고려할 수 있다. 턱 근육에 보톡스를 주입하면 보톡스 성분이 근육을 이완시켜 이갈이를 완화한다. 보톡스 치료는 교근을 축소시켜 턱관절의 긴장을 풀어주고 이의 압력이 대뇌로 전달되는 것을 줄여 이갈이를 현저하게 줄여줄 수 있다.
수면 중 이갈이는 아직 확실하게 밝혀지지 않았지만 불안, 스트레스 같은 심리적 원인이 크게 작용한다. 또한 흡연이나 음주, 과다한 카페인의 섭취는 이갈이를 증가시키는 원인이 된다. 다행히도 이와 같은 이갈이는 65세 이상 평균 3%로 낮아진다는 보고가 있다.
이갈이를 예방하기 위해서는 카페인 섭취, 흡연, 음주량을 줄이고 운동이나 등산 등 여가활동을 통해 스트레스를 해소하는 것이 필요하다. 또한 취침 전에 가벼운 운동이나 스트레칭을 통해 숙면을 유도하는 것도 좋다.

## 치아 건강에도 해로운 담배

해가 바뀌며 금연에 도전하는 사람들이 늘고 있다. 흡연은 익히 호흡기 질환 및 폐암, 각종 질병을 유발하는 것으로 알려진 것에 비해 치아 질환에 주는 피해는 상대적으로 많이 알려져 있지 않다.

흡연은 치아 건강을 해칠 뿐만 아니라 치주질환의 치료, 임플란트 시술 등 치과치료의 성공률을 매우 낮춘다. 무엇보다 치주질환은 한 번 증상이 나타나면 지속적인 치료가 필요하기 때문에 장기간의 치과 치료를 위해서는 금연이 필수 조건이다.

흡연자들은 장기간 치과 치료의 지속이 어렵고 재발이 많다.

담배에는 니코틴, 타르, 일산화탄소 같은 유해 물질이 함유되어 있어 혈관의 수축을 일으켜 혈액 순환을 저하시키고, 세균 감염에 의한 면역작용을 악화시켜 치유를 지연시킨다. 따라서 흡연자들은 비흡연자에 비해 상처가 잘 아물지 않고 염증이 유발될 수 있다. 특히 흡연을 장기적으로 지속하면 만성 치주질환을 유발하고 치료를 시작하여도 치유가 지연되며 재발하는 경우가 많다. 또한 흡연을 하는 사람들은 니코틴에 의한 착색이 나타남으로 정기적으로 치과에 방문하여 스케일링과 치료를 받는 등 주의를 기울여야 한다.

임플란트 후 성공률을 높이기 위해 금연이 필요하다.

최근 치과 진료 중 가장 각광 받는 임플란트 수술에서 흡연은 실패의 주요 원인이다. 흡연으로 인해 발생하는 물질은 임플란트의 금속과 잇몸 속 뼈가 붙는 것을 방해하고 염증을 유발한다. 이로 인해 흡연은 임플란트 후 초기 실패의 주요 원인이 된다. 적지 않은 비용을 들여 최소 3개월에서 1년 정도에 걸쳐 받은 임플란트의 시술이 실패하게 되면 환자에게 많은 부담감을 야기할 수밖에 없다. 그러므로 치과 진료진은 임플란트 수술을 원하는 환자들에게 초기 실패율을 낮추기 위한 노력으로 금연을 필수적으로 권고한다. 또한 임플란트를 오랜 기간 유지하기 위해서는 정기적인 검진과 철저한 개인 위생관리, 그리고 무엇보다 지속적인 금연이 필요하다.

## 초기 턱관절 장애증상

최근 스트레스로 인해 턱관절장애가 많이 나타나고 있다. 턱관절 장애가 생기게 되면 초기에 입을 여닫을 때 귀에서 '딱! 딱!' 소리가 나고, 귀 앞부분이나 턱과 얼굴, 머리까지 통증이 생기게 된다. 턱관절 장애가 심해지면 통증이 심해져 입을 여닫기가 힘들고 심한 두통으로 인해 일상생활에 지장을 준다. 스트레스로 인해 생기는 악물기, 질긴 음식 먹기 등의 요인으로 발생하는 턱관절 장애의 초기증상은 자가행동요법으로 완화시킬 수 있다.

1. 단단하고 질긴 음식은 피한다.

너무 부드러운 음식만 먹는 것도 턱관절에 좋지는 않지만 오징어, 얼음, 쥐포 등과 같은 음식을 지속적으로 즐겨먹는 습관은 줄이도록 한다.

2. 입을 크게 벌리지 않도록 조심한다.

하품, 부피가 큰 음식 먹기, 소리 지르기, 갑자기 입을 크게 벌리는 행동은 삼가도록 한다. 부피가 큰 음식은 잘라 먹도록 하며 하품은 너무 크게 하지 않도록 한다.

3. 악습관을 개선한다.

이갈이, 이를 악무는 악습관은 턱관절 장애와 큰 관련성이 있음으로 평소에 확인하여 개선하도록 한다. 이를 악무는 악습관은 턱관절에 힘을 가하게 되고, 이갈이는 턱관절뿐만 아니라 치아에도 악영향을 끼침으로 생활습관을 교정해야 한다.

4. 가벼운 스트레칭으로 근육 긴장을 풀어준다.

수면 중 또는 평소 악무는 습관으로 인해 턱관절 주변 근육에 항상 힘이 들어가는 경우, 의식적으로 힘을 풀고 가벼운 스트레칭을 해준다. 턱의 긴장을 풀고 귀 앞쪽을 둥글리며 마사지 해준다.

5. 턱관절 주변을 따뜻하게 찜질하여 근육 긴장을 풀어준다.

찜질은 너무 뜨겁지 않은 온도로 해준다. 하지만 찜질 후 붓거나 통증이 악화 될 경우 즉시 중단하도록 한다.

6. 항상 올바른 자세를 유지하도록 한다.

턱관절 장애는 편측 습관으로 인해 유발되기도 한다. 그렇기 때문에 턱을 괴는 습관이나 비스듬히 기대는 습관은 고치고 항상 바른 자세를 유지하도록 한다. 엎드려 자는 습관은 턱을 앞으로 빠지게 하고, 한쪽으로만 누워 자는 습관은 턱관절이 눌리기 때문에 낮은 베개를 이용하여 올바른 자세로 수면을 취하는 것이 중요하다. 또한 한쪽으로만 음식물을 씹게 되면 한쪽 관절만 무리하게 사용됨으로 양쪽으로 골고루 씹는다.
이와 같은 자가행동요법으로 개선되지 않고 통증이 심해지거나 증상이 악화된다면 물리치료나 약물치료, 교합안정치료(splint)를 받아야 하며, 심한 경우 외과적 수술이 필요할 수 있으므로 치과 전문의의 진료를 받도록 한다.

# 스케일링에 대하여

지난 2013년 7월부로 만 20세 이상 성인은 1년에 1회 스케일링 보험 혜택을 받게 되었다. 이에 따라 스케일링에 대한 관심이 높아졌으나 이에 대한 잘못된 상식과 오해가 많다.

스케일링은 치과의 기구를 이용하여 치아 표면에 붙어있는 치석과 치태, 착색을 제거하는 것으로 치아에 직접적인 손상을 주지 않는다. 정기적인 스케일링은 구강 건강을 챙길 수 있을 뿐더러 심장 발작, 뇌졸중 위험까지 낮출 수 있다. 스케일링은 이처럼 건강에 도움을 주는데 이에 대해 잘못된 상식과 오해에 대해 알아보자.

Q. 스케일링을 하고나면 이가 깎여서 시리거나 흔들린다.

A. 스케일링은 치아 표면에 붙어있는 치석과 잔사, 착색을 제거하는 것이지 치아를 깎는 행위가 아니다. 그런데도 스케일링 후에 치아가 시리다고 느끼는 이유는 치석이 붙어있는 위치와 양에 따라서 달라질 수 있다. 내려간 잇몸 쪽의 치아 뿌리 표면 부분에 민감한 정도에 따라 통증과 시림이 나타

나는데, 이곳에 있던 치석을 제거하고 나면 일시적으로 신경이 노출된 부분으로 시린 증상이 나타날 수 있다. 이와 같은 원리로 스케일링 후에 치아가 흔들린다는 것은 그만큼 내려간 잇몸부분에 치석이 치아를 잡고 있었기 때문에 이를 제거하고 나면 치아가 흔들리는 것처럼 느낄 수 있다. 이 때문에 정기적인 스케일링을 받아 다량의 치석이 구강 안에 있는 것을 막아야 한다.

Q. 스케일링을 하면 치아 사이가 벌어진다.
A. 구강 내 치아에 치석이 많았을 경우 이를 다 제거하고 나면 치석이 차지하고 있던 자리가 비게 되고, 치석을 제거함으로써 잇몸이 가라앉으며 이처럼 느낄 수 있다. 하지만 이것은 직접적으로 치아가 벌어지는 것이 아니라 많은 치석을 제거함으로서 나타나는 것이고, 정기적으로 스케일링을 받는다면 스케일링 후에 이와 같은 느낌을 받지 않을 수 있다.

Q. 보험이 적용되고 난 후, 1년에 한번 씩 꼭 받아야 하는 것인가?
A. 스케일링을 누구나 1년에 한번 씩 받아야 할 필

요는 없다. 이는 개인에 따라 받는 기간이 나뉘는데, 대체적으로 연 1회 받는 것이 적당하며 올바른 양치를 할 수 없는 환경이거나, 치석이 잘 생기는 구강 환경을 가지고 있는 경우, 잇몸병이 있는 경우, 교정 장치를 하고 있는 경우에는 그 주기가 빨라질 수 있다.

# 잘못된 치과상식 바로알기

오복 중에 하나인 치아건강에 대한 관심은 100세 시대에 들어선 요즘 더욱 더 높아지고 있다. 그렇다면 100까지 건강한 치아를 유지하기 위해 바로 잡아야 할 치과 상식에는 어떤 것이 있을까?

Q. 치아에 충치가 생기면 바로 치과치료를 받아야 할까.

A. 정답은 아니다. 충치의 진행 속도는 성장 속도와 같이 청소년기 때 가장 빠르다. 그러므로 성인이 되어서 나타나는 얕고 작은 충치들은 점점 그 속도가 줄어들고 때론 멈추기도 한다. 이것은 정지된 우식이라고 하여 무조건 치료하기보다는 정기검진으로 치과에 상담을 받는 것이 좋다.

Q. 식사를 하지 않았을 때도 양치를 해야 하나.

A. 양치는 식사와 상관없이 하는 것이다. 식사 후에 양치를 하는 이유는 음식물 찌꺼기를 닦아내기 위해 하는 것이고 식사와 상관없이 구강 안에는 항상 치태 즉, 치면 세균막이 존재하기 때문에 이를 제거하기 위해서 양치질은 식사와 상관없이 필수적으로 해야 한다.

Q. 치과 정기 검진은 1년에 한번 정도가 적당한가.

A. 건강 보험이 적용되는 1년 단위로 많이 치과를 찾아 정기검진을 받는 경우가 많아지고 있다. 하지만 이것은 스케일링을 위한 치과 방문이므로 정기검진과 기간이 다르다. 그러므로 치과 정기검진은 6개월 정도가 적당하다. 치주질환과 새로 생긴 충치가 발현하는데 보통 6개월 정도 걸리므로 최소 1년에 2번 정도 정기검진을 받는 것이 적당하다.

Q. 치약은 비싼 것이 좋다.

A. 치약은 가격과는 상관없으며, 현재 나의 치아 상태와 관련이 있다. 내가 평소 치태나 치석이 잘 생기는 경우에는 입자가 굵은 마모제 성분이 높은 치약을 사용하는 것이 좋으며. 치아가 많이 시린 경우에는 시린 이 전용 치약을 사용하는 것이 올바르다. 또한 치약을 구입할 때 뒷면에 불소 함유량을 참고하여 1000ppm 이상의 치약을 선택하는 것이 좋다. 다만 소아의 경우 어린이 전용 칫솔을 사용하여 불소 양을 조절해야 한다.

## 구취의 원인은 설태

구강 내에서 구취 유발 세균이 증식하기 가장 좋은 곳은 어디일까? 입속을 자유자제로 움직이며 큰 면적을 차지하고 있는 혀일 것이다. 혀는 미세한 틈으로 연결되어 있어서 틈 사이사이 음식물 찌꺼기와 타액, 세균 덩어리들이 항상 머물러 있게 된다. 틈 사이사이에서 세균이 번식하고, 깊게 위치한 혀 뿌리 쪽에 세균들이 들러붙어 있기 쉽다.

특히 혀뿌리는 육안으로 볼 수 있는 혀 몸통에 비해 혀 뒤쪽 깊은 곳에 위치하여 칫솔이 닿지 않고 침이 잘 적셔지지 않아서 설태가 끼어도 관리가 힘들다.

혀를 육안으로 보았을 때, 혀 표면에 이끼 낀 것처럼 하얗게 결이 진 것이 설태다. 이 설태는 구강 건강을 해치고 구취를 유발하는 세균 덩어리임으로 바로 바로 제거를 해주어야 한다.

다행히도 요즘 대부분의 사람들은 양치를 할 때 혀를 닦는 습관을 갖고 있다. 하지만 칫솔로는 설태 제거가 쉽지 않다. 효과적으로 설태를 제거하기 위해서는 칫솔질 외에 혀 클리너를 따로 사용하는 것이 좋다. 대개 양치할 때 칫솔로 혀 몸통을 쓱쓱 닦지만 뒤쪽에 혀뿌리를 닦는 사람은 거의 없다. 혀뿌리의 설태 관리를 위해 칫솔을 깊게 넣으면 구역질이 나서 힘들다는 사람이 많은데, 그런 미약한 칫솔질로는 뿌리 쪽의 설태 제거가 어렵다.

칫솔질은 세균 덩어리를 잘게 쪼개는 일만 하고 실제도 닦아지는 양은 많지 않기 때문에 혀 클리너를 이용하여 싹 긁어서 제거해주는 것이 효과적이고 효율적이다.

설태는 혀의 표면에 나와 있는 돌기들 사이사이에 살포시 얹혀있는 것이 아니라 이끼처럼 결을 형성해 끈적끈적하게 들러붙어있기 때문에 단단한 혀 클리너를 이용해 긁어주어야 한다.

너무 강박적으로 긁어댈 필요는 없지만 아침, 저녁으로 잇솔질 할 때 한 번씩 사용해 준다면 구취를 유발하는 설태 관리는 보다 효과적으로 할 수 있다.

# 틀니 관리 어떻게 해야 하나

## 틀니 관리를 못하면 생기는 문제점

1. 곰팡이와 세균의 서식

틀니 관리가 소홀해지면 세균이나 곰팡이가 많이 서식하게 된다. 틀니 표면의 작은 구멍을 통해 세균을 비롯한 색소, 치석, 음식물 등이 사이에 끼게 된다.

2. 구취 유발

틀니가 청결히 관리되지 않고 장시간 구강 내에 있게 되면 잇몸에 통증이 유발되고 잔여 음식물들의 부패와 함께 곰팡이와 세균이 증식하여 입냄새가 심해진다.

3. 잇몸 통증

틀니가 장시간 구강 내에 머무르면 잇몸이 눌려 통증이 유발되고 심하면 상처와 염증이 생길 수 있다.

4. 영양 불균형

잘못된 관리로 인해 잇몸에 염증이 생겼을 경우 틀

니를 사용해 식사가 어려워짐으로 영양소를 고루 갖춘 식사가 어려워질 수 있다.

## 올바른 틀니 관리법

### 1. 식사 후 닦기

식사 후 구강에서 틀니를 제거하여 꼼꼼히 닦는다. 치약에는 마모제 성분이 있어 틀니 표면을 마모시킬 수 있음으로 주방세제를 이용하여 부드러운 솔로 닦아낸다. 또한 소독의 개념으로 삶는 경우가 있는데 틀니는 플라스틱 재질이므로 모형상에 변형이 생길 수 있다.

### 2. 보관법

틀니가 건조한 환경에 노출되면 청결하지 않고 변형이 생기기 때문에 구강에서 제거한 후 반듯이 씻은 후 물속에 담궈 보관한다.

### 3. 틀니 세정제

시판하고 있는 알약 모형의 세정제를 틀니와 함께 물에 담궈 놓으면 간단하게 살균 소독을 할 수 있다.

4. 수면 시
취침 할 때는 구강 내에서 꼭 제거해야 한다. 수면하는 동안 틀니가 잇몸을 눌러 상처와 염증이 생길 수 있고 뼈가 흡수되는 속도가 빨라져 금세 헐거워질 수 있다. 그러므로 수면을 취할 때에는 반듯이 틀니를 제거한 후 물에 담궈 두어야 한다.

5. 잇몸 마사지
틀니는 잇몸 위에 올라가 있는 구조이기 때문에 잇몸을 누르게 되어 잇몸관리가 필수이다. 틀니와 닿는 잇몸 부분은 부드러운 칫솔이나 거즈, 수건에 물을 묻혀 닦아내야 한다. 이때 잇몸을 닦는 것뿐만 아니라 조금씩 마사지를 해주면 혈액순환이 잘되고 잇몸도 탄탄해진다.

6. 부분틀니일 때
부분틀니는 완전틀니와는 달리 걸쇠 주변에 치면세균막이나 음식물이 많이 낄 수 있으므로 식사 후 반듯이 꼼꼼히 닦아낸다.

7. 음식을 먹을 때
음식을 먹을 때에는 가위로 잘게 잘라 식사를 하는

것이 잇몸과 틀니에 무리가 가지 않는다. 너무 부드러운 음식만을 고집하게 되면 턱에 있는 근육이 약해질 수 있으므로 피한다. 또한 한쪽으로만 식사를 하는 습관은 반대쪽 틀니가 들리기 때문에 양쪽으로 식사를 해야 한다.

### 8. 틀니가 맞지 않을 때

치아가 없는 잇몸은 시간이 지나면서 내려가기 때문에 틀니와 맞지 않게 되어 식사를 하는 것조차 어려워질 수 있다. 그럴 때에는 바로바로 치과를 방문해 잘 맞게 수리를 해야 한다. 불편감이 없더라도 6개월에 한번 씩 정기적인 내원을 하여 전반적인 관리를 해주어야 한다.

## 아직 젊은데 치아가 시리다면

대부분 중장년층에게 많이 발생하는 시린 이 증상이 젊은 층에서도 많이 나타난다. 아직 젊은 청년층에게서 시린 이 증상이 나타나는 가장 큰 이유는 잘못된 양치습관, 산성음료나 산성음식 섭취 때문이다. 잘못된 양치습관과 산성식품으로 인해 치아의 마모가 생겨 치아를 보호하는 표면이 깎여 부식을 하게 된다. 그로 인해 상아질 층이 노출되어 시린 이 증상이 나타나게 된다. 시린 이 증상이 나타나게 되면 찬물뿐만 아니라 요거트나 단 음식을 먹을 때에도 시리게 되고, 증상이 악화되었을 때는 차가운 공기만으로도 예리하게 시린 통증이 나타나게 된다.

너무 세게 양치질을 하거나, 위아래가 아닌 옆으로 양치질을 하면 치아의 마모가 생기게 된다. 이를 예방하기 위해서는 올바른 양치질을 정확하게 해야 한다. 위 치아는 위에서 아래로, 아래 치아는 아래서 위로 치아가 난 방향으로 해주어야 하고 적당한 힘을 주어 양치를 해야 한다. 산성식품 섭취 후에는 30분에서 1시간 이상이 지나고 나서 양치질을 해주어야 한다.

이미 시린 이가 나타난 후라면 습관을 바꾸는 것과 예방을 위해 시린 이 전용 치약으로 바꿔주어야 하고 부드러운 칫솔모를 선택하여 양치를 해야 한다. 또한 칫솔을 잡고 양치를 할 때 손바닥이 아닌 손가락으로 잡고 해야 많은 힘이 들어가지 않은 채로 양치를 할 수 있다. 올바른 양치습관을 2주 이상 연속한다면 시린 이 증상은 어느 정도 개선될 수 있다. 하지만 시린 이 증상이 사라지지 않는다면 치과에 내원하여 정확한 검진 후 적절한 치료를 받아야 한다.

# 어린이 치아건강의 첫 걸음 I

건강한 치아는 어릴 때부터 형성되는데, 지난 2012년 국민 구강건강 실태조사에 의하면 12세 영구치 치아우식(충치) 경험률이 57%로 나타나 어린이들의 치아 건강관리가 절실히 요구되고 있다. 이것은 OECD국가와 비교해 볼 때 높은 수치이다. 치과의사협회의 조사에 따르면 아동의 충치 경험이 덴마크의 경우 10명 중 1~2명인데 비해 우리나라는 7~8명인 것으로 나타났다. 아동의 경우 유치에서 영구치로 넘어가는 시기에 충치가 생기게 되면 새로 날 영구치에도 영향을 미쳐 충치, 치열, 발음 등에 영향을 미치게 된다.

Q. 칫솔 관리는 어떻게?

A. 칫솔의 교체 시기는 1~2개월 정도이고, 칫솔모의 끝이 벌어져 있거나 닳았을 때에는 바로 교체해 주어야 한다. 특히 아이들의 칫솔은 어른들의 칫솔과 닿지 않도록 보관하여 어른들의 입속 충치 유발 세균이 옮지 않도록 건조한 곳에 분리보관을 해야 한다.

Q. 어린이 칫솔은 선택은?

어린이 칫솔은 대체적으로 부드럽고 머리 끝이 예리하지 않은 것이 좋다. 길이는 유아기에는 15mm 정도가 적당하고, 유치원에 들어가거나 초등학교 저학년이 되면 20mm 정도가 적당하다.

Q. 치약 선택법은?

A. 어린이 전용 치약 중에서 반드시 불소 함량이 어느 정도 함유하고 있는 것을 선택해야 한다. 또한 칫솔질을 익숙하게 할 수 있도록 어린이가 좋아하는 향과 맛, 색을 선택하는 것이 좋다.

Q. 어린이에게 적절한 칫솔법은?

A. 유아기의 경우 하루 세 번 정확한 칫솔질을 요구하는 것보다는 칫솔질하는 것이 익숙하고 자연스럽게 몸에 배도록 하는 것이 중요하다. 따라서 유치만 있는 경우 칫솔을 앞뒤로만 왔다 갔다 하는 횡마법이 적절하고, 영구치가 나기 시작하면 칫솔모를 돌리는 회전법이 적당하다.

Q. 유치가 모두 나오는 시기는?

A. 생후 30개월이 되면 20개의 유치가 나고, 영구

치는 만6세에 첫 번째 큰 어금니(6세 구치)가 나기 시작한다. 유치가 하나둘 나기 시작하면 이유식이나 과자를 먹기 시작하기 때문에 충치가 생기기 쉬워진다.

Q. 영구치가 처음 나오는 시기는?

A. 만 6세가 지나면서 유치의 가장 뒤쪽에 어금니가 나게 되는데 이것을 6세 구치라고 한다. 이 6세 구치는 영구치 중에서 제일 먼저 나와 아래위로 맞물리게 됨으로 턱 맞물림에 중요하다. 치아 중 가장 먼저 나와 오래 쓰게 되는 치아이기 때문에 그만큼 관리가 중요하다. 6세에 접어들면 의사를 표현 할 수 있고 그만큼 간식과 단 것을 많이 찾기 때문에 충치 가능성이 많아진다.

Q. 이는 언제 닦는 것이 좋을까?

A. 어린이들의 양치질은 습관화가 중요하므로 항상 음식물을 섭취한 후 3분 이내에 닦는 것을 습관화 시키는 것이 중요하다. 매번 음식물을 섭취하고 양치를 하는 것은 불가능하므로 최소한 주식 후와 잠자리 전에는 이를 닦는 습관을 길러주어야 한다.

Q. 치과는 언제 처음 가는 것이 좋을까?

A. 어린이들의 경우 만 2~3세부터 치과 검진을 받는 것이 좋다. 나중에 충치가 생기고 난 후 치과를 가게 되면 안 좋은 기억을 갖게 되어 치과 공포증과 거부감을 가질 수 있다. 치과에 가는 것이 즐겁고 익숙해지도록 해야 한다. 만 2세부터 6개월에 한 번씩 검진을 받는 것이 가장 적절하다. 그래야 충치를 조기에 발견할 수 있고 영구치가 나는 시기를 정확하게 알 수 있다.

# 어린이 치아건강의 첫 걸음 Ⅱ

치아가 가지런하고 미소가 예쁜 아이로 성장하기 위해서는 유치 때부터 습관화된 관리가 필요하다. 특히 유치가 나기 시작한 후부터 충치가 심하게 발생하여 일찍 뽑게 되면 새로 날 영구치에도 영향을 미쳐 치열이 가지런하지 못하고 발음도 잘 못하게 된다.

Q. 연령별로 어떻게 닦나?

A. 유아기 때 영아들은 칫솔을 잡는 것부터가 어렵고, 치약을 삼킬 수 있으므로 엄마가 손가락에 거즈를 감아 닦아 주는 것이 효율적이다. 그 이후 자신이 이를 닦는 습관을 길러 주되, 10세 이전까지는 아이가 이를 닦은 후 부모가 다시 한번 올바른 자세와 방법으로 닦아주는 것이 좋다.

Q. 충치가 생기는 이유는?

A. 충치는 구강 내의 충치 유발세균인 뮤탄스균이 밥과 설탕 등 탄수화물을 분해하면서 생기는 산에 의해 녹아 썩은 치아이다. 충치를 예방하기 위해서는 식사 후나 간식을 먹은 후 칫솔질을 하여 충치

균의 먹이가 되는 구강 내 음식물을 닦아 내는 것이 중요하다. 앞니는 잘 보이고 치아 사이사이 홈이 없기 때문에 관리가 용이하지만, 어금니들의 경우 작은 홈과 구멍들이 많아 이곳에 음식물이 잘 끼고 보이지도 않기 때문에 중점적으로 칫솔질을 해주어야 한다.

Q. 충치도 전염이 될까?

A. 충치도 전염이 된다. 충치의 전염은 충치를 유발하는 뮤탄스 균에 의한 질환임으로 세균전염이 된다. 충치가 있는 엄마나 아빠의 타액이 아이에게 음식을 먹여주거나 밥을 씹어서 주는 경우, 뽀뽀를 하는 등의 경우로 충치균이 옮겨갈 수 있다. 그럼으로 아이들의 입속 건강을 위해서는 서로의 타액이 옮지 않도록 해야 한다.

Q. 아이들도 치실을 써야 하나?

A. 치실은 연령대와 상관없이 쓰는 것이 치아 사이사이를 관리하는데 효과적이다. 치실을 쓰면 치아 사이가 넓어진다는 말 때문에 치실을 사용하지 않는 경우가 있는데, 사실은 그렇지 않다. 특히 아이들은 쿠키나 과자, 젤리 등 치아 사이사이에 끈적

하게 달라붙는 음식을 많이 섭취하기 때문에 치실 사용은 더욱 중요하다. 어른이 되어서 습관을 형성하는 것보다 아이들이 칫솔질을 할 때부터 함께하는 행동으로 습관화시키는 것이 중요하다.

Q. 구강세정제가 효과 있을까?
A. 구강세정제는 절대적으로 칫솔질을 대체하는 것이 아닌 보조적 수단으로 세균을 없애는 기능을 한다. 구강 내 남아있는 음식물과 치면 세균막을 없애기 위해서는 올바른 칫솔질을 하고 난 뒤 부가적으로 구강세정제를 사용하여 마무리 하는 것이 이상적이다. 구강세정액은 불소와 세균을 없애는 물질이 함유되어 있어 칫솔질 후 도움을 주는 역할을 한다.

Q. 앞니가 벌어져서 나오는 경우
A. 어금니가 난 후 앞니가 나오는데 대부분 아이들의 앞니가 벌어져서 나온다. 이를 미운오리 시기라고도 하는데 작은 크기의 유치에서 보다 큰 영구치가 나올 때 송곳니가 앞니의 뿌리를 밀어서 사이가 벌어지게 된다. 하지만 치아가 나는 동안 일시적인 현상으로 송곳니가 나오면서 벌어진 사이는 닫힌

다. 예외적으로 공간이 너무 넓어 닫히지 않는 상황이 오면 치과상담이 필요하다.

Q. 앞니가 틀어져서 나는 경우

A. 앞니는 만 7세 전후로 나기 시작하는데 아래 앞니의 공간이 부족하여 틀어져서 나는 것이 정상이다. 하지만 외상이나 충치로 인해서 유치가 일찍 빠지게 되어 영구치가 날 자리가 부족하여 틀어지는 경우 치과상담으로 정확한 진단이 필요하다.

Q. 아랫니가 윗니보다 앞으로 나오는 경우

A. 아이들은 유아기 때 젖병을 빠는 습관으로 이유식을 먹을 때나 음식을 먹을 때 턱을 앞으로 내미는 경향이 있다. 하지만 만 6세가 되어 유치가 나서도 턱을 앞으로 내밀어 아랫니가 윗니보다 앞으로 나오는 경우 부정교합이 올 수 있음으로 치과에서 정확한 진단이 필요하다.

Q. 잇몸에서 피가 나는 경우

A. 어린이의 경우 전신질병을 제외하고 이를 닦지 않아 플라크가 쌓여 잇몸에 염증이 생기거나, 급격한 치아의 이동으로 인해 염증이 생겨 피가 날 수

있다. 후자의 경우 일시적인 현상이지만 플라그가 쌓여 염증이 생기는 경우는 플라그 컨트롤이 필요하다. 어린이라도 칫솔질이 제대로 되지 않아 치석이 쌓인 경우는 치과에서 전문적인 스케일링이 필요하다.

Q. 어린이의 치아를 건강하게 보호하기 위한 방법

A. 간식과 식사 후, 잠들기 전에 하는 올바른 칫솔질이 중요하다. 어렸을 때 당분이 많은 식습관은 평생 습관이 될 수 있으므로, 건강한 주식과 간식으로 식단을 꾸려주는 것이 좋다. 칫솔질은 각 시기에 따라 할 수 있는 칫솔방법으로 5분 이상 즐겁게 하는 평생 습관을 만드는 것이 중요하다.

# 우유병 우식증

우유병 우식증은 우유병을 오랜 시간 동안 물고 잠들었을 때 발생하는 증상으로, 젖먹이 아이들에게 흔하게 발병한다. 잠자는 시간 동안 우유 · 유동식 · 이유식 · 주스 등이 들어있는 우유병을 오랜 시간 물고 있는 것이 원인이 된다.

이 우유병 우식증은 특히 위 앞니 4개에 주로 나타나는 현상으로 급속하게 발생하며 다른 치아로 이환될 가능성이 매우 높다. 우유병 우식증은 치아가 우식되는 속도가 매우 빠르며 광범위하고 통증이 심하다. 상태가 심각한 경우에는 뿌리까지 우식이 진행되어 뽑는 경우도 있다.

만약 아이 앞니가 다른 치아보다 색이 누렇거나 갈색으로 변한 경우 바로 치과에 내원하여 적절한 검사를 받고 치료를 받는 것이 중요하다.

그렇다면 뽑아야 할 유치를 보호해야 하는 이유는 무엇일까?

우선 유치의 가장 중요한 기능은 영구치가 날 때까지 올바른 영양을 섭취하는데 도움을 주고, 씹는 것을 원활하게 함으로써 턱뼈의 성장에 도움을 주는 것이다. 또한 유치는 영구치가 날 공간을 유지시켜 부정교합을 방지하고 올라오는 영구치를 보호한다.

## 우유병 우식증의 예방법

1. 우유병을 물리거나 수유를 하며 오랜 시간 재우는 것은 반듯이 피한다.
2. 음식을 먹인 후와 잠들기 전에는 치아와 잇몸을 젖은 헝겊으로 부드럽게 닦아준다.
3. 생후 12개월이 지난 후부터는 우유병 사용을 중지하고 컵을 사용하도록 한다.
4. 우유병 없이는 잠에 들기 힘든 경우 우유병에 물이나 보리차로 대체한다.

## 우유병 우식증의 치료방법

우유병 우식증의 경우 일반 우식증보다 빠른 속도로 광범위하게 진행되기 때문에 초기에 의사의 진단을 받아 적절한 치료를 해야 한다. 환자의 나이가 어려 치료협조가 어려운 경우 의식하 진정요법을 위해 약물투여를 고려해야 함으로 전문적인 소아치과에서 충분한 상담 후에 진료를 받는 것이 중요하다.

## 구강암 발병률 25배나 높이는 흡연

흡연이 우리 몸에 백해무익하다는 것은 모두가 다 알고 있다. 최근 흡연과 구강건강에 대해서 관심이 높아지고 있다.

우리 몸에 이로운 것이 하나 없는 흡연은 5년 생존율이 고작 56%인 구강암의 발병률을 흡연하지 않는 집단에 비해 25배나 올리는 것으로 나타났다. 흡연이 직접적, 간접적으로 일차 피해를 주는 곳이 구강이기 때문이다. 또한 흡연은 구강암뿐만 아니라 구강 내 서식하는 정상 박테리아균의 균형을 깨뜨려 구강 · 폐 · 위장에 질병을 일으킬 수 있다는 연구들도 속속 발표되고 있다.

흡연을 하게 되면 담배와 우리 몸이 처음 매개가 되는 곳이 구강이기 때문에 1차적인 가장 큰 피해가 오게 된다. 가볍게 담배 연기로 인해 입안이 건조해지고 타액 분비가 줄게 되면서 나타나는 지독한 구취는 물론이고, 연기 속의 유해 물질로 인해 치주질환이 더욱 쉽게 발병하고 잇몸을 손상시켜 면역력을 떨어뜨린다. 한번 나타나기 시작한 치주질환은 완치가 힘들기 때문에 예방이 가장 중요한 질환이기도 하다. 또한 수술 후 흡연은 상처 치유를 지연 시키고 염증반응을 일으키므로 특히 임플란트 수술을 했을 때에는 금연이 필수적이다.

평소 오랜 시간 담배를 한 갑 이상 피웠던 헤비 스모커의 경우, 구강 내 치아와 잇몸에 착색은 물론이고 대부분 치주질환과 심각한 구취, 설모증(혓바닥의 돌기가 길어지고 변색이 되는 증상)을 앓고 있다.

이를 예방하기 위해서는 우선적으로 금연을 실시해야 하는데 이는 쉽지 않다. 그렇기 때문에 흡연 횟수를 줄여나가며 구강관리를 철저하게 해야 한다. 홈케어 구강관리로는 올바른 잇솔질과 치실 사용, 혀 클리너를 꼭 사용하여야 한다. 또한 정기적으로 치과에 방문하여 스케일링을 하고 착색을 어느 정도 제거하여 내 구강 상태를 확인하여야 한다.

# 매일 쓰는 칫솔, 지금 깨끗한가

## 구강관리를 위한 칫솔관리 어떻게 할까?

1. 양치 후에 물기를 제거한다.

양치 후 물기가 남아있는 칫솔 사이사이는 세균과 박테리아들이 번식하는 최적의 조건이 된다. 그렇기 때문에 양치 후 칫솔에 남아있는 물기는 잘 털어서 보관해 두어야 한다. 항상 칫솔 머리는 위로 향해 두고 통풍이 잘되는 곳에 보관한다.

2. 칫솔은 3개월에 한 번씩 바꿔야 한다.

칫솔은 최소 3개월에 한 번씩 교체해주어야 한다. 하루 두세 번 우리의 구강에 들어오는 칫솔이기 때문에 관리가 철저해야 한다. 오래 쓴 칫솔은 칫솔모가 벌어져 세균 번식력이 더 빠르고 입속의 플라그 제거 효율이 떨어지게 된다. 그렇기 때문에 칫솔 끝 칫솔모가 벌어짐 현상이 보이면 가차 없이 바꿔야 한다.

3. 칫솔의 머리가 닿지 않게 보관한다.

아직도 많은 사람들이 양치 후 칫솔을 한곳에 모아 보관한다. 이렇게 한 곳에 꽂아두게 되면 칫솔모들이 서로 만나 세균을 교환하고 확산하게 된다. 이런 교차오염을 막기 위해서는 칫솔 머리가 닿지 않게 사이 공간을 두고 보관해야 한다.

4. 칫솔꽂이도 관리해야 한다.

칫솔은 우리의 구강 내에서보다 칫솔꽂이에 있는 시간이 대부분이기 때문에 칫솔꽂이 또한 관리해주어야 한다. 칫솔꽂이는 항상 물이 닿기 때문에 물때가 끼지 않게 관리를 해주어야 한다. 세제보다는 베이킹소다를 이용해 사용이 다 끝난 칫솔로 구석구석 닦아주어야 한다.

5. 양치 후 흐르는 물에 충분히 씻어줄 것.

양치 후 칫솔모 사이사이에는 우리의 입속을 닦아낸 음식물 찌꺼기, 플라그, 세균, 치약 잔여분이 남아있게 되는데 이는 세균과 박테리아들이 자랄 수 있는 최적의 조건이 된다. 그렇기 때문에 양치 후에는 칫솔모 사이사이에 찌꺼기들이 남지 않게 충분히 흐르는 물에 씻어준다.

6. 통풍이 잘되는 곳에 건조하기.

습기가 많고 온도가 높은 욕실에 노출된 칫솔은 세

균의 번식지가 되기 쉽다. 그렇기 때문에 많은 사람들이 칫솔 살균기를 사용하기도 한다. 만약 칫솔 살균기를 사용하기 어렵다면 햇빛이 잘 들고 통풍이 잘되는 곳에 보관해야 한다. 햇빛이 잘 드는 곳에 두면 자외선의 살균 및 건조 효과가 있어 칫솔 관리에 효율적이다.

## 나에게 맞는 스마트한 전동칫솔은 어떨까

전동칫솔을 구매하고 사용하기에 앞서 치아의 문제점을 정확히 파악하고 그에 따른 기능들을 따져보아야 한다. 어떤 사람들이 전동칫솔을 사용했을 때 효과를 볼까?

### 약한 잇몸을 가지고 있거나 잇몸질환이 잘 생기는 사람들

평소 약한 잇몸을 가지고 있거나 잇몸 질환이 잘 생기는 사람은 전동칫솔로 증상이 완화되는 효과를 볼 수 있다. 최근 나온 전동칫솔은 최적화된 음파진동칫솔인데 이 칫솔은 칫솔모가 이에 완전히 닿지 않게 하고, 가까이 가져가대면 치아 깊은 곳까지 세정할 수 있는 음파가 만들어져 생성된 공기방울이 칫솔모가 닿지 않는 곳까지 들어가 구석구석 치석을 씻어낸다.

잇몸질환은 치아주변 잇몸이나 치조골에 세균 감염이 되면서 붓고 통증이 생기면서 피가 나는 질환으로 영구적으로 잇몸이 퇴축될 수 있다. 따라서 치아 주변과 잇몸 경계선에 남은 플라그를 잇몸에 무리를 주지 않고 효율적으로 제거할 수 있는 음파 전동칫솔을 사용하는 것이 좋다.

### 치석이 많이 생기는 치아이거나 충치가 많은 사람들

유독 다른 사람들보다 충치와 치석이 많은 사람들은 회전하는 칫솔모를 가진 회전식 전동칫솔을 사용하는 것이 좋다. 가장 좋은 방법은 정기적으로 치과에 방문하여 검진을 받거나 스케일링을 받는 것이고, 그 후에 자가 관리를 위해서 기계적인 도움을 받기 원할 때 사용하는 것이 회전식 전동칫솔이다. 다만 힘이 좋은 전동칫솔을 사용할 시에는 제조사의 지시 사항에 맞는 방법을 선택하여 확인 후 사용하는 것이 올바르다.

### 입 냄새로 고민인 사람들

입 냄새는 성인의 대부분이 겪는 문제로 나이가 들수록 더 심해지는 문제이다. 이들에게 적합한 것으로 요즘 시판되는 전동칫솔은 치아와 잇몸뿐만 아니라 사람들의 요구에 맞게 다양하게 변화돼 혀 세정 기능까지 가지고 있다. 우선 입 냄새의 원인은 다양하지만 구강 내 원인 중 90%는 공기를 싫어하는 세균이 단백질을 분해하며 생기는 황 화합물 가

스에 의해서 발생한다. 이 때문에 생기는 입 냄새를 제거하기 위해서는 올바른 칫솔질로 치석을 정확하게 제거하는 것이 중요하다.
그리고 입 냄새 원인 중 다른 하나는 혀 사이에 낀 백태에서 냄새가 유발되는 경우가 많다. 이것을 방지하기 위해 많은 사람들이 혀 클리너를 사용하고 있지만, 효과적으로 제거하기 어려운 경우 혀 세정 기능이 추가된 전동칫솔을 구매하여 치석뿐만 아니라 백태 제거까지 완벽히 하여 꾸준히 관리할 수 있다.

# 어린이의 구내염

구내염이란 세균, 바이러스, 곰팡이 같은 감염으로 인해 입안 점막에 염증이 생기는 것으로, 따가운 통증을 동반하며 성인의 경우 피곤하거나 면역력이 떨어졌을 때 나타난다. 하지만 이러한 구내염이 주로 9세 이하 어린이에게 많이 발생하는 것으로 나타났다. 국민건강보험공단의 진료 받은 환자를 살펴보면 9세 이하 어린이가 전체의 40%이며, 이중 90%가 6세 이하 어린이 환자였다.

이처럼 어린이에게서 많이 나타나는 이유는 구내염이 수족구병과 같은 유행성 질환과 동반하는 경우가 많고, 세균과 바이러스에 의한 감염성이 많기 때문이다. 어린이들의 경우 장난감이나 손을 씻지 않고 입에 무는 경우가 많아 세균에 의해 쉽게 감염되고 올바른 식습관을 유지하기 어렵기 때문이다.

구내염은 보통 발생하고 일주일 정도면 자연치유가 되지만, 일주일 이상이 되고 한 위치에 계속적으로 나타날 때에는 치과에 내원해야 한다.

이러한 작지만 불편한 구내염을 예방하기 위해서는 어린이들이 자주 입에 가져가는 물건들을 깨끗하게 관리하고 입안을 청결하게 유지해야 한다. 식사나 간식 후, 잠들기 직전에는 필수적으로 올바른 잇솔질을 해야 한다. 또한 규칙적인 생활과 올바른 식습관이 필요한데, 다양한 영양소를 고루 섭취하고 과일과 채소 같은 청정식품을 많이 섭취해야 한다. 그리고 정기적인 치과 내원으로 썩은 치아나 깨진 치아는 바로 치료해야 한다.

# 구강안의 보철물 어떻게 관리할까

치아의 기능 상실로 인하여 치과치료를 받은 뒤 치아의 기능과 심미를 회복하기 위해 사용하는 것을 보철물이라고 한다. 보철물의 종류로는 크라운, 임플란트, 부분틀니, 전체틀니가 있다.
평균 보철물의 수명은 7년 내외이지만, 어떻게 관리하느냐에 따라서 달라질 수 있다.

1. 크라운
크라운 관리의 기본은 우선 깨끗하게 양치하는 것이다. 보철물과 잇몸 사이의 틈이 음식물 찌꺼기나 세균의 발생소가 되기 때문에 양치질을 꼼꼼하게 해야 한다. 이때 구강보조용품으로 치실과 치간칫솔을 사용하게 되는데, 보철물과 치아의 사이가 긴밀한 경우에는 치실을 사용한다. 치실과 치간칫솔은 보철물과 치아 사이에 플라그와 음식물 찌꺼기를 제거하는데 용이하게 사용된다.
칫솔을 선택할 때에도 칫솔모가 얇은 미세모를 사용하여 구석구석 닦는 것이 중요하고, 올바른 칫솔질을 해야 한다.
아무리 정교한 크라운을 한 경우라도 평생을 함께

할 수 없음으로 6개월에서 1년에 한번 정기검진을 통한 관리와 함께 상태를 체크하여 크라운 수명도 늘리고 구강 건강도 챙겨야 한다.

## 2. 임플란트

임플란트는 자연치아를 상실했을 때, 그 치아의 기능을 대체하고 유지하기 위한 대표적인 보철치료 중 하나로, 충치가 생길 염려는 없다. 하지만 임플란트 주위의 잇몸과 치아에 염증이 생길 위험이 있기 때문에 다른 보철물보다 꼼꼼한 관리가 필요하다.

임플란트는 인공치아이기 때문에 신경이 없다보니 소홀한 임플란트 관리로 인해 주변에 염증이 발생해도 이를 모르는 경우가 많다. 관리가 소홀하여 이런 염증이 오래될 경우 치아 뿌리를 잡아주는 뼈가 녹아내리면서 임플란트가 빠질 수 있다.

그렇기 때문에 임플란트를 시술한 경우 딱딱한 음식을 씹는 것은 되도록 피하고 흡연, 음주 등 치아 건강에 좋지 않는 습관들은 개선해야 한다. 또한 임플란트 관리를 위한 올바른 양치습관과 3개월 또는 6개월마다 정기적인 치과검진을 통해 잇몸관리에 특히 신경 써야 한다.

식후에 반듯이 올바른 칫솔질을 하고 구강보조용품인 치실과 치간칫솔 등의 사용을 습관화 하여야 한다.

### 3. 틀니

틀니는 매일 여러 번 뺐다가 꼈다가 하는 보철물이기 때문에 번거롭고 까다로울 수 있다.

취침 전에는 틀니를 꼭 빼어 물 안에 넣어 보관해야 한다. 이때 틀니를 세정한 후 보관을 해야 하는데, 틀니세정제를 사용하거나 직접 닦아 보관을 한다. 틀니를 닦을 때에는 치약을 사용하지 말고, 중성세제를 사용해야 한다. 틀니는 떨어뜨리면 깨질 수 있으므로 닦을 때 세면대보다는 물을 대야 등에 받아놓고 닦아야 떨어져 부러지는 것을 방지할 수 있다. 부분틀니의 경우에는 고리가 걸리는 치아를 더욱 주의 깊게 닦아야 오랫동안 틀니를 사용할 수 있다.

칫솔질할 때는 혀와 입천장도 꼭 닦아 입안 청결을 유지해야 하고, 불편감이 없더라도 6개월이나 1년에 한 번씩 정기적으로 틀니검진을 받아야 한다. 틀니 사용으로 인해 입안이 헐거나 상처가 났을 때는 즉시 치과로 내원해야 한다.

## 겨울철 입속 관리와 프로폴리스 치약

건조함이 찾아오는 겨울에는 피부 관리뿐만 아니라 구강도 소홀함 없이 관리해야 한다.

우리의 입은 음식을 섭취하거나 호흡을 위해 항상 열려있는 곳으로, 몸속에 세균이나 바이러스를 가장 먼저 마주하는 곳이기 때문에 항상 침으로 적셔진 상태가 유지되어 면역력이 떨어지지 않도록 한다.

하지만 겨울철 감기로 인해 코가 막혀 입호흡을 하는 경우, 감기약으로 인해 입이 마르는 경우, 건조해진 겨울철 공기로 호흡을 하는 경우에 입안이 건조해지기 마련이다. 이렇게 건조해진 입안 환경은 세균이 번식하게 되어 입냄새가 나게 되고 충치가 생기기 쉽게 된다.

이렇게 세균이 잘 번식 할 수 있는 환경을 방지하기 위해서는 입 속에 항균 · 항산화 관리가 필요한데 우리가 쉽게 할 수 있는 관리는 프로폴리스가 함유된 치약을 쓰거나 프로폴리스 스프레이를 사용하는 것이다.

프로폴리스는 꿀벌이 자신의 생존과 번식을 위해 여러 식물에서 뽑아낸 수지와 같은 물질에 자신의 침과 효소 등을 섞어서 만든 물질로, 성분으로는 유기물과 미네랄(무기염류)이 가장 많은데, 미네랄 · 비타민 · 아미노산 · 지방 · 유기산 · 플라보노이드 등은 세포대사에 중요한 역할을 하고, 테르펜류 등은 항암 작용을 한다. 대표적인 주 기능은 항균 · 항산화 · 면역증강 작용 등이 있다.

이런 프로폴리스 추출물을 함유한 치약이나 스프레이를 사용하게 되면 구강 내 면역력을 높일 수 있을 뿐만 아니라 항균작용의 효과도 있게 된다.

뿐만아니라 프로폴리스는 몸에 염증을 일으키는 프로스타글라딘 효소 생성을 억제해 치주염 등의 구강관련 질환을 완화하는 데 도움이 된다.

프로폴리스는 내성이 없는 천연항생제로 프로폴리스가 함유된 치약은 일반 치약처럼 사용하여 구강 내 청결을 유지하는데 도움을 준다. 플로폴리스가 함유된 스프레이는 구강내에 직접적으로 분사하여 사용하게 되는데, 스프레이의 경우 구강내 뿐만 아니라 목과 기관지에도 작용하여 목감기와 기관지 질환에도 효과를 나타낸다.

## 건강한 치아를 위한 음식 베스트 5

1. 아몬드와 캐슈넛

불포화 지방산과 비타민E가 풍부하여 피부미용에도 좋은 아몬드와 캐슈넛의 식물성 기름은 충치의 원인이 되는 박테리아에 대항하는 특징을 가지고 있다. 뿐만 아니라 풍부한 비타민이 치아의 에나멜층을 보호하는데 효과적이며, 우유보다 칼슘이 2배로 많아 치조골을 튼튼하게 해준다.

또한 어느 정도 단단한 음식은 치아와 뼈 건강에 도움을 준다.

2. 생양파

원기회복 뿐만 아니라 당을 낮춰주는데도 효과적인 양파에는 강력한 항박테리아 성분이 있다. 연구에 의하면 이 항박테리아 성분은 충치와 잇몸질환의 원인이 되는 박테리아의 네 가지 변종을 제거한다고 한다. 또한 섬유질도 풍부해 플라그 제거에 효과적이다. 양파에서 나는 자극적이고 매운 냄새는 소화액의 분비를 돕고 신진대사를 활발하게 해주지만, 입에서는 구취를 유발할 수 있으므로 치아와 혀를 잘 닦아주어야 한다.

### 3. 사과와 당근

사과와 당근처럼 아삭아삭한 식감을 가진 야채와 과일들은 청정식품으로 구분되어 치아의 자정작용에 도움을 주고 플라그 제거에 효과적으로 작용한다. 또한 이와같은 음식을 씹어 먹음으로 타액선에 자극이 되어 침 분비가 원활하게 된다.

### 4. 물

물을 자주 마시는 것뿐만 아니라 자주 헹구어 내는 것은 타액선에 자극이 되어 구강이 건조한 사람들에게 구강청결제보다 좋다. 일부 구강청결제는 알코올이나 향료 등 자극적인 물질로 인하여 구강 건조증이 더 심화될 수 있기 때문이다. 성인 평균 1.5L에서 2L 가량 마시는 것이 적당하다.

### 5. 녹차

녹차는 체내의 유해산소를 없애주는 항산화물질인 폴리페놀이 함유되어 있는 대표적인 식품으로 산으로부터 치아를 보호해주고, 플라그의 생성을 억제해 충치와 잇몸질환의 예방에 도움을 준다. 뿐만 아니라 콜레스테롤이 소화관으로 흡수되는 것을 막아주어 혈중 콜레스테롤 수치를 낮추는데 도움이 된다.

## 치아 건강을 위해서 하지 말아야 할 10가지

뭐니 뭐니 해도 먹는 즐거움이 있어야 된다. 옛날부터 치아는 오복 중에 하나라고 여겨져 왔다.
상악 14개, 하악 14개, 상하악 28개의 치아는 전신건강에 큰 영향을 준다.
건강한 치아는 뇌 혈류량을 증가시켜 치매를 예방하는 효과가 있다.
또 치주염이 생기면 충치균으로 인해 심장병의 원인이 되기도 한다.
치아 관리는 평소 이를 잘 닦고 정기적으로 스케일링을 받아야 건강한 치아를 유지할 수 있다.
필자가 자주 쓰는 말이 있다.
'3 · 3 · 3법' 이라고 해서 하루 식후 3번, 식후 3분 이내, 3분 이상 양치질을 권장하고 있다.
이와 함께 치아 건강을 위해서 절대 하지 말아야 할 것들이 있다.
미국의 건강웹사이트인 웹엠디(Web MD)가 치아 건강을 위해서 하지 말아야 할 행동들을 말해주고 있다.
1. 얼음 씹기 : 얼음에는 설탕성분이 없어서 치아

에 무해해 보인다. 그러나 얼음을 씹어 먹다가 이가 깨질 수 있다. 얼음 대신에 무설탕 껌을 씹기 바란다.

2. 젖병을 물린 채 아기 잠재우기 : 치아는 일찍부터 보호할수록 좋다. 아기에게 주스나 우유가 든 젖병을 물린 채 잠들게 하면 이를 썩게 만든다.
3. 이갈기: 이를 갈게 되면 조금씩 이가 마모된다. 스트레스와 잠자는 습관이 이갈이의 원인이 됩니다. 마우스가드를 끼고 잠을 자는 것도 이갈이 방지하는 한 방법이다.
4. 이로 병 따기: 어떨 때는 이로 병뚜껑을 따거나 플라스틱 포장지를 뜯는게 편하다. 그러나 이야말로 치아가 부서지게 하거나 치아를 빠지게 할 수 있다.
5. 연필 깨물기 : 얼음을 씹어 먹는 것과 마찬가지로 연필을 씹는 것은 이를 부서지게 하기 쉽다. 이럴 때도 무설탕껌을 씹어 연필 깨물기 습관을 없애야 한다.
6. 흡연 : 담배의 나쁜 성분들이 이를 착색시키고 잇몸병을 유발한다. 또한 담배는 구강암과 설암 등을 일으키기도 한다.

7. 폭식 : 과도하게 많이 먹게 되면 일단 당분의 양도 많아져 이를 썩게 한다. 또한 토하게 될 경우 위에 강한 산이 이를 부식시켜 치아를 상하게 한다.
8. 혀 피어싱 : 혀를 뚫어 장신구를 설치하게 되면 금속성 장신구가 치아를 부러뜨릴 수 있다. 이뿐 아니라 잇몸을 다치게 할 수 있고 입안에 세균을 들끓게 해 감염의 원인이 되기도 한다.
9. 마우스가드 없이 운동경기 : 구강 안에 플라스틱제 치아 보호 장치인 마우스 가드를 하지 않고 축구 · 하키 등 격렬한 운동을 하다가 이를 다치게 하기 쉽다.
10. 이 닦는 방법 : 매일 이 닦는 습관이 제일 중요하다. 잇솔질 방법으로는 회전법을 권장한다. 보통은 잇솔질을 횡마법(옆으로 하는 잇솔질)으로 치아를 난잡하게 전후로 이동시켜서 이를 닦는데, 이는 치경부 마모증을 유발하여 치아가 시리게 되고 통증을 호소하게 된다.

칫솔을 돌리는 회전법(roll technic)은 잇솔의 강모가 치아 장축에 평행하되 강모 단면이 치근단부에 위치할 정도로 잇솔을 깊이 넣고 강모 측면으로 치은에 압력을 가하며 교합면을 향하여 잇솔을 이

동시키다가 강모 단면이 치경부에 이르면 잇솔의 이동을 중지시키고 잇솔대를 축으로 하여 교합면을 향하여 잇솔을 회전시키며 치아의 협설을 닦는 방법이다.

쉽게 말하면 치아를 전후방향으로 닦지 말고 상하(위에서 아래로, 아래서 위로)로 잇솔질을 하는 것이다. 이 방법은 치아표면을 철저히 닦을 수 있고 치은을 충분히 맛사지할 수도 있는 방법인 동시에 비교적 실천성도 높은 방법이라는 점에서 한국구강보건협회가 국민 대중에게 권장하고 있다.

## 구취의 원인과 해결 방법

숨기려 해도 숨길 수 없는 냄새, 구취는 구강·호흡기·소화기에서 유래하는 냄새로 자신뿐만 아니라 주변 사람들에게 불쾌감을 주고 자신감을 떨어지게 하는 원인이 된다. 구취는 성인의 50% 이상에서 나타나는 질병으로 사회생활을 하는 현대인들에게 불편함을 준다. 구취의 원인과 해결 방법에 대해 알아보자.

1. 구강 내의 원인

구취의 원인 중 90% 이상이 구강 내에 있다. 설태, 치태, 충치, 잇몸병, 구강건조증, 구강내염증 등 여러 가지 원인이 있는데, 대부분은 치과 치료를 받으면 개선되는 부분이다. 설태나 치태의 경우 올바른 잇솔질을 실행해야 하는데, 아직도 많은 사람들이 양치를 할 때 치아만 닦는 경우가 많아 고치지 못하고 있다.

2. 호흡기나 소화기

편도결석이나 편도선염과 같은 호흡기 질환으로 인해 입뿐만 아니라 코와 함께 치즈 냄새 같은 구취가 난다. 위염이나 식도염, 소화 불량으로 인한 구취는 입안 깊숙한 곳에서 불쾌한 냄새가 올라온다.

### 3. 당뇨나 신장질환

당뇨병의 경우 인슐린 분비가 원활하게 되지 않아 탄수화물 분해에 문제가 생겨 지방 대사가 활발해져 연한 과일 냄새가 난다. 신장질환의 경우 비린내나 암모니아 같은 냄새가 난다.

### 4. 간질환

간염이나 간경화 같은 간질환이 있는 경우 입냄새의 원인이 되는 황화합물인 '메르캅탄'을 제대로 처리하지 못해 입과 코를 통해 배출이 되며 계란 썩은 냄새가 날 수 있다.

### 5. 커피와 흡연

커피의 경우 치아를 얼룩지게 하며, 치아착색을 유발하여 치아 표면에 플라그가 더 쉽게 달라붙도록 한다. 또한 커피의 카페인 성분은 입안을 각종 세균이 증식하기 좋은 약산성으로 만든다.

흡연은 비타민C를 파괴하여 구취를 유발하고, 입

안을 건조한 상태로 만들어 세균을 제거하지 못해 구취가 심해지게 한다.

### 해결방법

1. 올바른 잇솔질과 구강 위생 용품 사용하기

올바른 잇솔질로 치아뿐만 아니라 입천장도 함께 닦고, 혀의 경우 전용 혀 클리너를 이용하여 닦아주어야 하며, 이 사이는 치실을 사용하여 청결을 유지해야 한다. 충치나 잇몸병, 구강 내 질환은 오랜 경과 시간을 두고 치과 진료를 꾸준히 받는다면 충분히 개선될 수 있다.

2. 미온수의 물 자주 마시기

물을 자주 마시면 입 안 건조를 막을 수 있다. 입안이 건조하게 되면 입안 세균 번식이 활발해지고 세균 제거가 쉽지 않아 구취를 유발하기 때문에 미온수의 물을 자주 마시고 입안을 헹구어 주는 것이 좋다.

3.과일과 채소 등 청정식품을 섭취한다

섬유질이 풍부한 시금치·당근·브로컬리 등은 치아 사이사이의 플라그를 없애는 역할을 하고, 표면이 거친 섬유질 식품은 타액선을 자극하여 침 분비를 촉진시킨다.

### 4. 정기적인 구강검진

구강 내의 원인으로 인한 구취를 예방하기 위해서는 정기적인 치과방문을 하여 검진을 받는 것이 중요하다. 잇몸병이나 2차 충치, 불량 수복물의 경우 정기적인 치과검진을 하여 발견할 수 있는 원인이기 때문이다. 또한 많은 양의 치석으로 인한 구취의 경우 구강 검진을 통해 정기적인 스케일링을 받아 충분히 개선될 수 있다.

## 알기 쉬운 1분 치아 상식

1. 구강청정제로 입냄새를 제거할 수 있다?

구강청정제는 일시적으로 입냄새를 없앨 수 있지만 오래가지 않는다. 오히려 알코올이 많이 들어간 구강청정제일수록 입안을 건조하게 하여 입냄새가 더욱 심해질 수 있으므로 입안이 건조한 경우 식염수로 양치하는 것이 좋다.

2. 구강청정제는 많이 사용할수록 구강건강에 좋을까?

구강청정제는 구강내 세균을 죽여주고 일시적으로 구취를 감소시켜주는 구강위생용품이지만, 너무 자주 사용하게 되면 구강 내 정상세균까지 죽일 수 있다. 그러므로 구강청정제 사용은 잠들기 전 양치 후 한번이나, 식사 후 양치를 할 수 없는 경우 사용하며 입안에 염증이나 몸의 면역력이 저하된 경우 하루 2,3회가 적당하다.

3. 치아 사이에 낀 음식물은 이쑤시개로 제거하는 것이 좋다?

식사 후 치아 사이 음식물이 끼었을 때 이쑤시개로

제거할 경우 잇몸에 자극이 오고 치아 사이가 일시적으로 벌어질 수 있다. 이쑤시개를 자주 사용하는 경우 영구적으로 치아 사이가 벌어지고 자극이 오래되어 잇몸이 내려갈 수 있다. 그러므로 치아 사이 음식물을 제거할 경우 이쑤시개보다는 치실을 사용하는 것이 적합하다.

### 4. 양치질은 세게 할수록 더 깨끗하다?

양치질을 너무 세게 하게 되면 치아가 예민해질 수 있고, 잇몸이 내려가고, 치아에 마모증이 오거나 패일 수 있다. 그러므로 양치질은 세게, 강하게 하는 것이 아니라 올바른 잇솔질을 반복적으로 하는 것이 좋다. 칫솔을 선택할 때에는 미세모가 좋고, 치약을 선택할 때는 불소 함유량이 1000ppm이하인 치약을 선택하는 것이 올바르다.

## 확실한 입냄새 해결은 철저한 잇솔질부터

입냄새를 줄이기 위해서 일차적으로 해야 할 일은 올바르고 정확한 잇솔질로 구강내 음식물찌꺼기를 없애는 것이다.

치과에서 검진이나 문진을 해보면 올바른 잇솔질을 하는 사람은 극소수이다. 또한 자신의 잇솔질이 잘못되었다고 생각하는 환자도 극소수이다. 그렇기 때문에 치과에서 검진을 할 때 치과의사나 치과위생사에게 올바르고 정확한 잇솔질을 다시 배워야 한다.

하지만 올바른 잇솔질을 하더라도 구강 내 모든 음식물 찌꺼기를 제거할 수 없음으로 보조용품이 필요하다. 그 보조용품중의 하나가 치실인데, 치아 사이사이 닦기 어려운 부분에 사용하면 효과적이다. 식사 후 잇솔질을 완벽히 하더라도 치아 사이사이 낀 음식물 찌꺼기들은 제거가 되지 않기 때문에 양치 후 곧 입냄새가 날 수 있다. 잇솔질 후 꼼꼼히 치실을 이용해 청소 하면 처음에는 많은 양의 음식물 찌꺼기에 놀랄 수 있다. 그렇기 때문에 질긴 음식을 먹고 끼인 음식을 제거하기 위해 치실을 쓸 뿐만 아니라 잇솔질 후 치실을 항시 하용 하는 것이 올바르다.

또 다른 보조용품으로는 혀 클리너가 있다. 미세한 음식물 찌꺼기들과 박테리아들이 혀 뒷부분 돌기 사이사이에 붙어 구취를 유발하는데 이를 제거하는데는 혀 클리너가 좋다. 칫솔을 사용하여 혀를 닦는 것이 가능하지만 한계가 있기 때문에 구취가 많이 나고, 혀 돌기 사이사이에 음식물이나 백태가 많이 낀다면 혀 클리너를 이용하는 것이 올바르다. 처음으로 혀를 닦을 때에는 뒷부분에서 구역질이 날수 있지만 천천히 닦아낸다면 구역질이 나지 않는다.

그리고 입냄새의 또다른 원인은 입속의 충치, 잇몸 염증일 수 있다. 충치는 치아와 음식물 찌꺼기들이 함께 부패하기 때문에, 그리고 잇몸 염증은 염증으로 인한 삼출물로 인해 입냄새가 나는 것이다. 그러므로 충치와 잇몸 염증으로 인한 입냄새를 제거하려면 근본적인 문제를 해결해야 한다. 충치의 경우 충치 치료 후 올바른 처치를 해야 하고, 잇몸 염증의 경우 스케일링과 염증 치료를 통해 냄새를 없앨 수 있다.

## 치료 중 하나인 치아미백

최근 심미적인 부분에 많은 관심이 쏟아지며 교정과 함께 미백치료가 각광을 받고 있다. 치아미백이란 미백제를 사용하여 치아에 손상이 가지 않으면서 치아 표면을 희게 만들어 주는 것이다.
첫인상을 비롯하여 외모에 관심이 집중되는 요즘 실생활에서도 손쉽게 미백제를 구입하여 자가 미백을 하는 경우가 늘고 있다. 하지만 치아 미백의 원리를 알고 확실하고 안전한 미백을 원한다면 전문가의 손길이 필요하다.
치아미백은 미백제를 활성화하여 고농도의 산소가 치아 표면부터 침투하여 착색된 유기물을 빼내는 원리이다. 이러한 원리를 통해 단시간에 안전하고 효과적인 미백을 하기 위해서는 전문가의 손길이 필요하다. 고농도의 미백제를 사용하기 때문에 잇몸에 화상을 입을 수도 있으며 괴사가 올 수도 있다. 그렇기 때문에 정확한 상담과 주의사항을 숙지한 후 전문가의 시술이 필요하다. 전문가 미백 외에도 생활 치 미백, 실활 치 미백, 자가 미백의 방법이 있지만 효과도 원하는 만큼 얻기 어렵고 시간도 굉장히 오래 걸리는 단점이 있다.

이에 비해 전문가 미백을 받게 되면 충분한 상담 후 진행되기 때문에 환자 개개인에 맞추어 피부색와 치아 상태 등을 종합적으로 고려해 시술을 하게 된다. 일반적으로 1회에서 4회까지 내원하며 진료 시간이 30분 내외로 짧고 안전성이 높아 환자들이 편리하다. 그렇기 때문에 확실한 미백을 받기 위해서는 치과를 방문하여 미백에 대한 상담을 받은 후 전문가의 도움을 받는 것이 좋다.

## 충치예방에 효과적인 치아 홈 메우기

최근 유아와 청소년이 충치 치료가 아닌 예방을 위하여 치과를 방문하는 빈도가 늘어나는 추세이다. 유아와 청소년기에 만들어진 구강위생습관, 구강 상태는 평생 가기 때문에 그 관심이 더욱 증가하고 있다. 예방적 치료로 알려진 방법은 올바른 칫솔질, 식이 조절, 치아 홈 메우기(치면열구전색, 실란트), 불소 이용 등이 있다. 이 중에 충치 예방에 가장 실패율이 적은 방법은 단연 치아 홈 메우기이다. 치아 홈 메우기는 직접적으로 충치를 막기 때문에 충치 발생률이 가장 낮다.

치아 홈 메우기는 치아의 씹는 면(교합면)의 깊은 틈 사이사이를 메꾸는 것으로 일반적인 순서는 우선 치면을 깨끗이 청소한 후, 일정 부분을 산 부식시켜 물리적 결합을 유도한 후에 치면열구전색제를 바르고 단단하게 굳히는 것이다. 이것은 치아의 교합면 틈에 세균과 음식물이 끼지 않도록 직접적으로 채워 막는 방법으로 충치예방에 효과가 매우 우수하다. 단, 이 치아 홈 메우기는 충치가 없다는 전제하에 이루어져야 한다. 충치가 있는 상태에서 치아 홈 메우기를 하게 되면 충치의 진행을 가속하게 된다. 따라서 충치가 있는 상태에서는 충치 치료를 해야 하고 치아 홈 메우기는 충치가 없는 치아의 씹는 면에 해당되게 된다.

그렇다면 치아 홈 메우기는 어디에 효과적일까?

대부분의 유아, 청소년기 충치는 치아의 씹는 면, 그 중에서도 깊은 주름이 있는 곳에서 발생한다. 좁고 깊은 틈에 낀 음식물은 칫솔질에도 빠지지 않고 계속해서 잔류하기 때문에 세균들이 증식하여 함께 충치를 일으킨다. 이와 같은 씹는 면의 틈새에 치아 홈 메우기를 하는 것이다.

치아 홈 메우기는 영구치에만 해야 하는 것일까?

일반적으로 치아 홈 메우기는 영구치에만 해야 된다고 생각하지만 그렇지 않다. 유치의 충치는 영구치에 영향을 미치고, 영구치보다 우식 감수성이 높고, 충치의 진행 속도가 빠르고, 제대로 된 칫솔질을 하기 어렵기 때문에 유치가 자라난 상태에서도 씹는 면에 치아 홈 메우기를 해주는 것이 올바르다.

예전에는 치아 홈 메우기의 비용이 높았지만, 현재 만18세 이하 충치가 발생하지 않은 제1대 구치(큰 어금니)와 제2대 구치(2번째 큰 어금니)에 건강보험이 적용되어 비용부담이 적어졌다. 또한 제1대

구치는 유치가 나고 난 후 6세에 처음으로 나는 영구치이기 때문에 가장 사용시간이 긴 치아이다. 또 충치 경험율이 가장 높은 치아이기 때문에 관리가 철저하게 필요하다. 치아 홈 메우기는 충치가 생기는 직접적인 경로를 우선적으로 차단해 주는 것이기 때문에 예방을 위해 저렴한 비용으로 건강한 치아를 지키는데 큰 도움을 준다.

# 임신부와 치과치료 1

임신을 하게 되면 태아에게 영향을 미칠 것을 우려하여 병원을 가거나 약물치료를 하는 것에 대해 대부분 꺼려하게 된다. 그렇기 때문에 임신을 계획할 때 미리 치과치료를 마무리 하는 것이 가장 좋다. 임신을 하게 되면 호르몬이 변하고 면역력이 급격하게 저하되어 임신 전보다 잇몸이 약해지고 구강 내에 감염이 생길 확률이 높아 일반인보다 잇몸 질환에 걸릴 확률이 높다. 대표적인 증상으로는 잇몸 출혈이나 잇몸 비대증, 구취 등이 있으며 임신성 치은염에 걸릴 확률이 높아 다양한 구강질환에 쉽게 노출된다. 또한 임신성 입덧이 심한 경우 위산 역류로 인해 치아 부식이 진행될 가능성이 높다. 이때 치아 관리에 더 신경을 써 주어야 하는 데 입덧이 심하거나 정서적으로 불안하고 피로감이 쉽게 느껴져 임신 전보다 잇솔질을 소홀히 하는 경향이 있다.

그렇다면 이미 임신을 한 상태에서 치과치료가 가능할까?

대부분의 임산부들은 태아에게 악영향을 미칠까 우려하여 치료를 출산 후로 미룬다. 하지만 임심중이라도 임신 초기(3개월)나 말기(3개월)를 피해 임신 중기에 치료받는 것은 가능하다. 임신 초기는 조기유산을 주의해야 하는 시기이고, 임신 말기는 치과 의자에 오랫동안 누워있는 것이 어렵기 때문이다. 임신 중 잇몸질환으로 인한 통증이나 염증, 그로인한 스트레스만으로도 오히려 태아에게 해롭게 작용할 수 있다. 또한 치과 질환이 더욱 악화되어 치료기간이 더욱 길어지고 치료가 어려워지게 된다. 그렇기 때문에 안정기라면 치과에 내원하여 치과전문의와의 충분한 상담을 통해 개개인에 맞는 치료방법을 택하는 것이 가장 중요하다.

그렇다면 치과치료에 사용되는 마취제와 방사선 촬영은 괜찮을까?

일반적으로 치과치료를 받을 때 마취제를 사용하는 빈도는 매우 높다. 그렇기 때문에 치과에서는 언제 써도 안전한 마취제를 사용하기 때문에 국소마취의 경우라면 치과진료가 가능하다. 또한 정확한 정밀진단을 위해 방사선 촬영을 피할 수 없는데, 방사선촬영은 태아에게 거의 영향을 미치지 않으며 조사량도 매우 적다.

## 임산부와 치과진료 2

보통 임신하고 나면 치과 진료를 받으면 안 된다는 잘못된 치과상식을 가지고 계신 분이 많다. 물론 임신을 계획하고 준비했다면 임신하기 전 전반적인 치과 진료를 받고 임신하는 것이 바람직하다.

임신을 하게 되면 에스트로겐과 프로게스테론이라는 여성호르몬 분비가 높아져서 임산부 잇몸의 치태에 살고 있는 박테리아들이 존재하게 된다.

보통 일반인들은 이 박테리아가 구강 내에 존재해도 별문제가 없지만 임신하게 되면 호르몬 분비 증가로 인해 임신성 치은염이 생기게 된다.

임신성 치은염 증상은 양치질 할 때 피가 잘 나고, 잇몸이 빨갛게 부어오른다.

임산부의 60~70%가 임신성 치은염이 발병되며 만약 임신하기 전부터 치은염이 있었다면 더욱 악화되기 싶다.

임신성 치은염 증상은 보통 임신 2개월부터 시작되며 임신 9개월경에 없어진다.

치은염이 발생되면 임산부 구강 속에 있는 박테리아가 잇몸을 공격하고, 치아와 잇몸 사이에 있는 치주인대를 공격하기도 하며, 치아를 지탱해주고 있는 치주골도 녹아내려서 치주염을 만들기도 하고 치아가 흔들리기도 한다.
그러기 때문에 임신 중이라도 정기적으로 내원하여 스케일링과 치료를 받는 것이 바람직하다. 필요하다면 충치 치료 크라운과 같은 보철치료를 통해 구강에 있는 세균들을 제거해줌으로써 구강내 질환을 줄일 수 있다.
그렇다면 임신 중에 아무 때나 가서 치과치료를 받을 수 있는가?
임신 시작 후 3~4개월 이전에는 치과치료를 받지 않는 게 좋다. 왜냐하면 이때 태아의 중요한 기관들의 발육이 시작되는 시기이기 때문이다.
그래서 임신 중 치과치료는 부득이 신경치료를 받거나 치아를 발치해야 될 상황이라면 임신 6~7개월 사이에 받는 것이 좋다.
모든 미래의 어머님들이 건강하게 2세를 순산하기를 기원한다.

## 사랑니에도 계절이 있다? 겨울에 치료하세요!

통상 우리가 흔히 사랑니라고 하는 큰 어금니는 가장 뒤에 나는 제3대 구치이다. 성장이 완료될 즈음, 10대 후반에서 20세 초반에 나고 늦으면 40세가 넘어서도 나는 치아이다.

이러한 사랑니는 대부분 온전히 나지 못하는 경우가 많다. 특히 아래 사랑니의 경우 자리가 비좁거나 원래 옆으로 발생하여 자라나는 경우가 많다. 하지만 현대에 들어서는 진화론적인 측면에서 사랑니가 아예 발생하지 않는 경우가 늘어나고 있는 추세이다.

사랑니의 대부분이 온전히 나지 않는 경우가 많다고 하여 사랑니 모두를 발치해야 하는 것은 아니다. 정상적으로 위치한 사랑니는 큰 어금니의 일을 도와 저작에 도움을 준다.

통증이나 염증이 없이 정상적으로 위치한 경우에는 정기적인 치과방문으로 관리를 하는 것이 적절하다. 하지만 통증이나 염증이 있는 경우, 입안 너무 안쪽에 위치하여 칫솔이 닿지 않아 충치가 생긴 경우, 옆으로 누워 큰 어금니에 문제를 일으키는 경우에는 필수적으로 발치를 해야 한다.
이러한 사랑니 발치는 여름보다는 겨울에 하는 것이 적절한데, 그 이유는 여름철에 높은 온도와 습도로 인하여 박테리아·세균 번식이 왕성해 발치 후 염증 등으로 인한 예후가 좋지 않을 수 있기 때문이다. 보통 발치를 하게 되면 완전하게 잇몸과 잇몸뼈가 차오르는데 6개월에서 1년 정도가 걸린다. 이때 잇몸이 차오르는 시기는 1~3개월 정도인데 그때 염증이 발생할 확률이 높아 소독 및 처치를 잘해주어야 한다.
사랑니가 올바른 위치에 잘 나더라도 잇솔질이 잘 안 되는 경우에는 사랑니의 충치로 인하여 큰 어금니까지 충치로 연관될 수 있어 예방적 처치로 발치를 하는 경우도 종종 있다.
사랑니는 일반 치아 발치처럼 뽑는 경우보다는 심각하게 매복되어 있거나 아래턱의 신경과 가까워 난발치로 이어지는 경우가 많다.
이런 경우 필요하면 수술로 하게 되어 복잡하고 시간도 오래 걸리며 더 까다로워진다. 이런 경우 수술 후에 관리를 잘해주는 것이 가장 중요한데, 이때 혈관 확장이 쉽고 세균과 박테리아에 감염될 수 있는 계절인 여름보다는 혈관 수축이 빠르고 세균과 박테리아의 번식이 적은 겨울철에 발치를 하는 것이 올바르다.

사랑니 발치를 하고 난 후에는 음주와 흡연, 빨대로 빠는 행동, 격한 운동, 사우나는 삼가하며 발치 직후 침을 뱉는 행위 또한 하지 않는 것이 중요하다.

## 치아가 너무 시려요

"원장님! 찬물 마실 때 치아가 너무 시려요."

치과에서 가장 흔하게 환자로부터 듣는 말이다. 그만큼 누구나 가장 흔하게 겪는 치과증상이라 하겠다.

잇몸도 건강하고 충치도 없고 치아가 매우 건강해서 치과에 다닐 일이 없었던 분들이 중년이후에 갑자기 치과를 찾는 요인 중에 하나가 치아시림증상이다.

이는 차가운 물이나 음식이 치아에 시린 느낌을 주는 것과 음식물을 씹을 때 시린 것으로 나눌 수 있다.

전체 치아가 시린지 또는 한두 개의 치아만 집중적으로 시린지 구별해야 되고, 치아가 계속 시린지, 시렸다가 안 시렸다가 가끔씩 시린지도 구별해야 된다.

"이 원장, 나 오른쪽 어금니가 며칠 전부터 시려서 찬물을 못 마셔요. 왜 그런가요?"

시린 증상은 일률적이지 않고 사람마다 다르고 시린 증상의 요인들이 너무나 다양해서 설명하기 어렵지만, 그중에서도 몇 가지 가장 흔한 증상과 원인 치료방법에 대해서 알아보자.

첫째, 치아마모에 의한 경우이다. 주로 치경부마모와 교합면(씹는 면)마모가 있다. 치아와 잇몸 사이 즉 치경부가 파이는 치경부마모증은 특히 양치질 할 때나 차가운 음식을 섭취할 때 매우 시리다.

치경부마모증의 제일 큰 원인으로는 옆으로 양치질을 수년 간, 수십 년 동안 한 방향으로 함으로써 발생되며, 연령이 높은 사람이나 딱딱한 음식을 선호하는 사람일수록 교합면(씹는 면)의 마모가 심하게 되어 시큰거리는 경우가 있다.

마모가 되면 치아의 가장 바깥층에 있는 법랑질이 없어지고 안쪽의 상아질이 노출된다. 치수가 가까이 있으며 차가운 것, 뜨거운 것, 딱딱한 것을 씹을 때 민감하게 된다. 치료방법은 치과에 내원하여 치경부 마모된 부위에 지각과민 처치와 치아색으로 된 레진수복치료를 해주는 방법이 있다.

물론 치료보다는 예방하는 것이 최고의 방법이다.

치경부마모를 예방하기 위해서는 부드러운 칫솔로 양치질을 하며 아래에서 위로, 위에서 아래로 양치하는 습관이 중요하다.

둘째, 충치가 있을 경우 치아 어딘가 불편하고 시린 경우가 있다. 씹는 면에 생기는 충치는 깊게 진행되더라도 신경이 닿을 때까지는 증상이 없는 경우가 많다.
성인에게 주로 발생되는 치근(뿌리 부위) 충치는 어느 정도 진행되면 매우 시린 증상이 유발된다. 음식을 씹을 때 아프다거나 찬물에 깜짝 놀라는 반응을 하는 경우 금(crack)이 간 것을 의심해볼 수 있다. 이런 경우는 신경치료와 보철치료를 병행하여야 치아를 오래 보존하며 사용할 수 있다.

# 구취를 없애려면

치아를 잘 닦는데도 입냄새가 계속 나는 가장 큰 원인은 치아를 제대로 잘 닦지 않아 치아에 남아있는 음식물 찌꺼기가 부패되기 때문이다.
흡연과 생활습관, 입냄새를 유발하는 음식물 섭취, 당뇨병과 신장기능의 저하도 입냄새의 원인이 된다.

1.아침에 입 냄새가 나는 경우
 아무리 치아를 잘 닦았다 해도 음식물 찌꺼기가 남아있기 마련이다.
 입냄새를 줄이기 위해서는 잠들기 전에 치아 구석구석을 꼼꼼하게 닦아주는 것이 중요하다. 또한 아침에 일어나 바로 미지근한 물을 마시는 것도 입냄새를 줄일 수 있는 방법이다.

2. 비염 · 축농증 · 기도의 염증이 있는 경우
이 때는 코에서 냄새가 난다.
특히 겨울에는 코감기 콧물, 먼지 등이 목으로 넘어가게 되는데 세균이 식도 부위에 머물게되면서 악취를 만든다. 이때는 이비인후과를 찾아 병을 고치는 것이 좋다.

### 3. 공복시에 시큼달큼한 구취가 나는 경우

위에서 위산이 많이 분비되어 역류하면 냄새가 난다.

공복 상태에서는 침의 분비가 줄어들고 세균을 없애는 자정능력도 저하된다. 침 분비를 촉진하기 위해서는 뜨거운 차와 물을 많이 마시는 것도 좋다. 또한 신맛이 나는 과일을 먹는것도 침샘을 자극하여 침 분비를 촉진한다.

식후에 과일을 먹는 것도 치아에 잔류하는 음식물 찌꺼기를 제거하여 구취를 줄이고 충치를 예방할 수 있는 방법이다. 규칙적인 식사습관을 권장한다.

### 4. 상대방과 대화 중에 악취가 나는 경우

구강내 불량보철물이 있거나 충치 · 치주염이 있을 경우 여러 세균들에 의한 특유의 악취가 난다. 치료가 병행돼야 구강내 악취를 없앨 수 있다.

식사 후 하루 세번 치아를 제대로 잘 닦는 것이 가장 중요하다.

그리고 이쑤시게보다는 치실을 하루에 한두 번 사용하여 음식물 찌꺼기를 제거하고 가글제를 사용함으로써 구강내 세균수를 줄이고 구취를 줄일 수 있다.

# 치과 치료 중 음주에 대하여

치과 치료 중의 잦은 술자리와 각종 모임은 정말 난감하다. 치과에서 내리는 금주령, 꼭 지켜야 할까?

흔히 치과 진료 중이면 '술 먹고 알코올로 소독해야 한다'고 말하는 사람들이 많다. 그러나 음주는 치과 치료를 망칠 수 있는 주범이다.

## 1. 면역체계를 약화시키는 술

치과 치료를 받은 후 손상되거나 약해진 부분이 잘 아물기 위해서는 2차적 감염이 없어야 한다. 그런데 술을 마시면 항원과 항체의 반응이 약해져 잘 싸우지 못한다.

우리가 잘 아는 백혈구에서 면역반응을 담당하는 림프구는 감염물질이 들어오면 이들을 잡기 위해 증식하게 된다. 그러나 술은 이런 반응을 방해하여 기능을 저하시켜 상처 치유를 지연시킨다.

## 2. 치아와 잇몸건강을 위협하는 술안주

마른 안주로 나오는 오징어, 쥐포, 땅콩은 딱딱하고 질겨 치아를 마모시킬 뿐만 아니라, 턱 관절에도 큰 무리를 준다. 얼큰하거나 짜게 조리된 탕은 그 자체로도 잇몸이나 혀, 구강 건강에 매우 자극적이다.

### 3. 지혈을 방해하는 술

술을 마셔서 얼굴이 붉어지고 화끈거린다면 표면 혈액 순환이 활발해졌기 때문이다. 그런데 치과 치료를 받은 후에 혈액 순환이 지나치게 활발해지면 치료받은 부위에서 피가 멈추지 않는다. 지혈 작용을 하는 비타민 C가 흡수되는 것을 막기 때문에, 출혈이 많은 수술 등 외과적 시술을 받은 경우에 술은 절대적으로 금해야 한다.

### 4. 잊기 쉬운 양치질

마지막으로 술을 마시고 난 후의 행태도 문제다. 치과 치료 후에는 각별히 치아에 주의를 기울이고 자기 전에 꼭 양치질도 해줘야 한다. “나 어제 소주 두 병이나 먹고 신호등 색깔도 구분을 못하는데 집까지 잘 들어왔어.” 라고 친구가 말한다면 무슨 말을 하겠는가? 치과 치료 후 무책임하게 술잔을 기울이며, “이 뽑고 술을 마셔도 아무 일 없을 거야.”라고 말하는 환자에게 같은 말을 하고 싶다.

## 소아 · 청소년기 치아관리법

### 만 6~12세 : 혼합치열기

일반적으로 젖니의 아래턱 앞니가 하나씩 흔들거리면서 혀 쪽으로 영구치가 올라온다.
가장 중요한 치아인 6세 구치로 불리는 영구치가 젖니 어금니 뒤편에서 올라온다. 젖니는 모두 20개 아래위 10개씩인 영구치 어금니는 유치 어금니가 빠지고 그 자리에 나는 것이 아니고, 맨 마지막 유치 어금니(앞에서부터 5번째)의 다음에 나오게 된다. 이것이 6세 때 6번째 자리에 나오므로 6세 구치라고 한다.
이 치아는 음식을 씹을 때 중요한 역할을 할 뿐 아니라 치열 전체의 주춧돌처럼 치아 맞물림에 있어서 중요한 역할을 하므로 이미 유치가 충치에 이환된 상태라면 같이 충치가 생길 확률이 많다.
유치 앞니가 흔들리기 시작하면 치과에 가서 유치 어금니가 상한 것이 없는지 확인하고 치료해준 다음 새로 난 영구치는 불소막을 입히거나 코팅으로 충치예방을 해줘야 한다.
그리고 식사한 후와 취침 전에 칫솔질하는 습관을 들여야 한다. 입을 다 물었을 때 윗니가 아랫니를

1~2mm 가량 살짝 덮지 못하고 아래턱 치열이 더 나와서 윗니를 덮거나 아예 위턱에 덮여 아랫니가 하나도 보이지 않는다면 치과에 가서 예방교정을 상담하는 것이 좋다.

해야 할 일

1. 칼슘이 풍부한 음식을 섭취한다.

2. 불소가 함유된 식수를 먹거나 불소정제를 처방받아도 좋다.

3. 치과에 가서 유치 어금니에 충치가 있으면 전부 치료해둔다. 피치 못해 유치 어금니를 빼게 됐다면 간격 유지장치를 해준다.

4. 구치가 나면 충치가 되기 전에 치면열구전색을 해준다.

5. 식사 후와 취침전 전에 칫솔질하는 습관을 들인다. 치약은 불소가 함유된 것을 쓰도록 한다. 학교에서 점심식사 후 반드시 칫솔질을 할 수 있도록 칫솔과 치약을 가지고 다니거나 사물함에 넣어둔다.

6. 학교에서 공동으로 불소양치를 하지 않는다면 자기 전 불소용액으로 양치한다.

7. 교정장치를 끼게 되면 미리 치면열구전색과 충

치치료를 한다. 장치는 매번 식후에 닦아서 끼고 1주일에 한두 번 정도는 전용세제로 소독한다.

### 만 12~20세 : 영구치열기

평균적으로 유치는 모두 빠지고 영구치만 입안에 있게 된다. 새로 난 영구치 어금니는 모두 치과에 가서 치아주름을 막아 주어 충치를 예방해 주고, 치약은 불소가 함유된 것을 쓴다.

우리나라 청소년의 경우 85%가 충치를 가지고 있다. 그리고 이 숫자는 해마다 늘어가고 있다. 사춘기성 치은염이 생겨 잇몸에서 피가 나고 입냄새가 심해지기도 한다.

부정교합의 치료가 적극적으로 시행되는 시기이므로, 교정 중에는 특별히 구강위생관리에 신경 써야 한다. 달거나 끈끈한 간식류를 선호하는 나이기도 하고 구강 내 산도가 높게 유지되는 때라 특히 구강청결이 요구되는 시점이다.

18세 전후에 출현하는 사랑니 문제는 16세를 전후해 미리 방사선 사진으로 확인해 두는 것이 좋다. 사랑니는 정상적으로 나서 기능을 할 수 있는 경우라면 굳이 뽑을 필요는 없으나 삐뚤어져 있거나 다른 치아에 지장을 줄 상태라면 미리 빼는 것이 좋다.

해야 할 일

1. 새로 나온 영구치는 치면열구전색을 하고 불소막을 입혀 충치에 저항력을 길러 준다.

2. 치약은 불소가 함유된 것을 쓰도록 한다.

3. 방학 때마다(6개월 간격) 치과에 가서 새로 난 영구치에 충치가 생겼는지 검진한다.

4. 아직 나지 않은 영구치가 있는지 확인하고 있으면 방사선 사진을 찍어본다.

5. 잇몸에서 피가 나고 입냄새가 심하면 스케일링을 하고 치실을 쓰는 습관을 들인다.

# 내 치아에 맞는 올바른 치약은

매일 하루 세 번 사용하는 치약, 우리는 얼마나 알고 있을까?

치아의 성분을 제대로 알고, 내 치아에 맞는 치약을 선정하여 사용하는 것이 중요하다.

기본적인 치약의 성분은 연마제, 방부제, 착향제, 계면활성제 등으로 구성되어 있다.

거의 대부분의 치약에 들어있는 연마제는 치아 표면을 매끄럽게 하고, 침착된 일시적 색소를 세척하는 성분으로, 표면의 이물질을 제거하는데 꼭 필요한 성분이다. 하지만 연마제 입자의 크기가 너무 크게 되면 치아 표면을 과하게 닳게 한다.

방부제에는 파라벤이라는 성분이 들어있어 한 때 이슈가 되었는데, 오랜 시간 동안 방부효과를 위해 사용되고 있다. 하지만 파라벤의 성분은 구강 점막이나 위 점막에 자극을 줄 수 있기 때문에 사용에 제한이 있다.

양치 후 입안의 상쾌함을 위해 거의 모든 치약에는 인공 또는 가공의 착향제가 첨가된다.

계면활성제는 거품을 이용하여 때를 벗겨내는 역할을 한다. 일반적으로 샴푸, 주방세제, 비누, 섬유세제 등에 함유된 성분인데, 치약에도 소량의 성분이 동일하게 사용된다. 이것은 구강에서 구취를 유발하기도 하는데, 양치 후 충분히 물로 헹구어내야 한다. 그러므로 양치 후 5~10정도의 물양치가 필요하다.

## 성장기 어린이

성장기 어린이는 영구치의 우식을 낮추기 위해 불소가 포함된 치약을 사용해야 한다. 불소성분은 1000ppm을 초과하지 않아야 한다. 6세 이하 어린이의 경우 완두콩 크기정도로 소량을 사용하고, 빨아먹거나 삼키지 않도록 보호자의 지도가 필요하다.

## 시린 치아

시린 치아에는 인산삼칼슘, 질산칼슘 등이 들어있는 시린 이 전용 치약을 사용한다. 이런 성분들은 노출된 상아질에 방어벽을 형성해 통증을 막아주고 시린 증상을 완화시킨다. 하지만 마모도가 낮아지면 세균막 제거가 어려울 수 있음으로 장기간 사용은 제한한다.

## 치주질환 환자

치은염, 치주염 등의 치주질환을 예방하기 위해서는 소금, 비타민 E, 비타민 B6, 트라넥사민산 등이 함유된 치약이 좋다.

## 충치환자

충치가 잘 생기는 사람은 우식에 저항성을 갖기 위해 불소성분을 함유한 치약을 쓰는 것이 좋다.
불소가 함유된 치약은 내산성을 높여주어 재광화에 도움을 주기 때문에 치면세균막으로 인한 충치 예방에 중요하다.

## 임플란트와 의료보험 확대

오전 9시30분 진료가 시작되기도 전에 대기실이 환자로 가득찰 때가 많다. 몇 가지 이유가 있겠지만 임플란트와 틀니의 의료보험 확대에 따른 영향도 없지는 않아 보인다. 고심 끝에 5년 전부터는 별도의 예약을 받지 않고 접수하는 순서에 따라 진료를 하게 됐고, 이제는 이 시스템이 자연스럽게 정착됐다. 불광역 대조시장에 자리잡은 지 올해로 16년 째. 열심히 몸부림치다보니 어떻게 흘렀는지 모르게 16년이란 세월이 훌쩍 지나갔다.

은평치과에서는 서민층의 어르신들이 비교적 많은 편인데 이젠 한 분 한 분 모두가 가족처럼 느껴진다. 모두들 우리 병원의 단골이 됐다. 가끔 왜 우리 병원에 오시냐고 물으면 "편해서 좋고, 잘해줘서 좋고, 의술이 좋기 때문"이라고 말한다. 아마도 척척 호흡이 맞는 12명의 치위생사와 기공사들이 가족처럼 친절하게 보살펴 드렸기 때문에 들을 수 있는 최고의 찬사가 아닌가 싶다.

이가 아파 제대로 먹지도 못하고 말하지도 못하는 고통 때문에 '이가 자식보다 낫다'는 말을 실감하는 환자에게는 치과의사가 구세주처럼 보일 수도 있다. 이러한 환자들을 볼 때마다 새삼 오복(五福) 중의 치복(齒福)을 담당하는 치과의사로서의 보람과 책임감을 새삼 깊이 느끼게 된다. 다른 질환의 경우도 마찬가지이겠지만, 치아 건강도 예방이 중요하다.

그래서 필자는 치아에 관한 기초지식과 건강상식을 틈나는 대로 환자들에게 역설하고, 지역신문에 칼럼을 연재하기도 한다. 과연 환자들이 어떻게 하면 편하게 부담감을 덜고 내원할 수 있을까 하는 것은 치과의사로서 늘 갖게 되는 화두이다.

그간 70세 이상 적용되었던 임플란트와 틀니 보험적용 기준이 7월 1일부터 65세로 확대적용 되어 대단히 반가운 마음이다. 시술이 절실하면서도 비용 때문에 망설이거나 결국 포기하는 환자들을 볼 때마다 참으로 안타까웠다. 비로소 임플란와 틀니에 날개가 달렸다는 느낌이 든다.

필자는 오래 전부터 임플란트에 대한 각별한 관심을 가지고 있었다. 2010년부터 임플란트 제품의 질을 개선하고 그 기술을 발전시키기 위하여 한림대 임상치의학대학원 박준우 원장님, 한림대 치과병원 최동주 교수님과 연구회를 결성하여 임상적, 기능적 연구를 해오다가 2013년 마침내 '초이스 임플란트 시스템(CIS)으로 '응력분산형 임플란트 고정체'에 대한 발명특허(제 10-1327655호)를 획득했다. 임플란트 고정 기술을 진일보시킨 이 특허기술 제품은 약한 골질에 식립할 때 응력분산 효과가 있으며, 초기 고정을 확실하게 시시해 주고 발치나 골 결손 시 연조직 증식을 차단하는 효과가 있다.

동료의사들롤부터 '임플란트에 날개를 달아주었다'는 평가를 받으며 큰 성취감을 맛보았다. 아마도 임플란트와 관련된 기술적 발전은 계속 이어질 것이고, 앞으로 환자들이 보다 수준 높은 치료 서비스를 받게 될 것이라고 생각한다.

이러한 관점에서 임플란트 급여혜택이 65세 확대되고 그것도 50%나 지원된다는 것은 서민들에게 큰 혜택이 아닐 수 없다. 그러나 그동안 진료실 임상경험을 해보니 임플란트 1~2개로 해결되는 경우보다는 더 많은 식립을 필요로 하는 사례가 많아 평생 2개밖에 해당되지 않는다는 한계는 아쉬운 점이 아닐 수 없다. 또한 60여 만원의 비용 또한 여전히 부담스러워 한다는 점, 연령대 역시 제한적일 수밖에 없다는 점 역시 아쉬운 점이다.

씹는 즐거움, 잘 먹을 수 있는 기쁨이 없는 삶이란

얼마나 고통스러운 일인가. 일전에 임플란트를 끝낸 어르신은 내 손을 꼽 작고는 "이제 살 맛이 난다"며 함박웃음을 지어보였다. 치아 건강은 삶의 질, 행복 지수의 향상과 직결되는 문제다.

"임플란트와 틀니에 더 큰 날개를 달아주시라!"

기왕에 국민을 위한 치아복지정책이라면 좀 더 과감하게 그 혜택을 넓혀주면 좋겠다. 결론적으로, 향후 의료보험이 좀 더 확대되고 본임부담도 좀 더 낮아져서 저소득층을 포함해 더 많은 분들이 혜택을 볼 수 있으면 좋겠다는 바람을 가져본다.

특허증
CERTIFICATE OF PATENT

특허 Patent Number 제 10-1738953 호

출원번호 Application Number 제 10-2016-0053007 호

출원일 Filing Date 2016년 04월 29일

등록일 Registration Date 2017년 05월 17일

발명자 Inventor

등록사항란에 기재

이영만(*******-*******)

위의 발명은 「특허법」에 따라 특허등록원부에 등록되었음을 증명합니다.
This is to certify that, in accordance with the Patent Act, a patent for the invention has been registered at the Korean Intellectual Property Office.

2017년 05월 17일

특허청장
COMMISSIONER,
KOREAN INTELLECTUAL PROPERTY OFFICE

특허청
Korean Intellectual Property Office

## 날개형 임플란트 식립 효과 크다

이영만 원장(은평치과)이 4월 17일 SIDEX2016 포스터 발표에서 '발치 후 즉시 임플란트 식립 시 날개형 임플란트의 효율성'을 주제로 발표해 관심을 모았다. 이날 발명특허를 낸 초이스 임프란트 물방울 레이저에 대해서도 설명하는 시간을 가졌다.

이 원장은 임플란트 시술시 골결 손부가 존재하는 경우 시술이 어렵고 예후조차 나빠진다면서 GBR을 시행한 곳의 수술부위가 벌어지거나 감염 이식재 소실 등 여러 합병증이 생길 수 있다고 지적했다. 따라서 임플란트 상단부 치경부에 날개구조를 고안하게 됐으며, 이러한 날개구조로 멤브레인 없이도 효과적인 골재생이 잘되는 것을 발견했다고 밝혔다.

일반적인 형태의 임플란트는 식립과 동시에 GBR을 했을 경우 이식재가 힐링되는 기간에 소실되고 치조골 위로 임플란트가 노출될 수 있다. 그러나 날개형 임플란트는 골결손부가 있는 발치와에 식립하면 3개월 안에 골재생이 완벽하게 이뤄진다고 강조했다.

또한 치주염이 있는 환자도 심각한 골흡수를 보이

는데 이러한 경우 이식재가 임플란트 날개 아래에 유지될 수 있으며 결과적으로 GBR이 안전하고 효과적으로 시행될 수 있다는 것이다.

〈치학신문, 2016.4.28〉

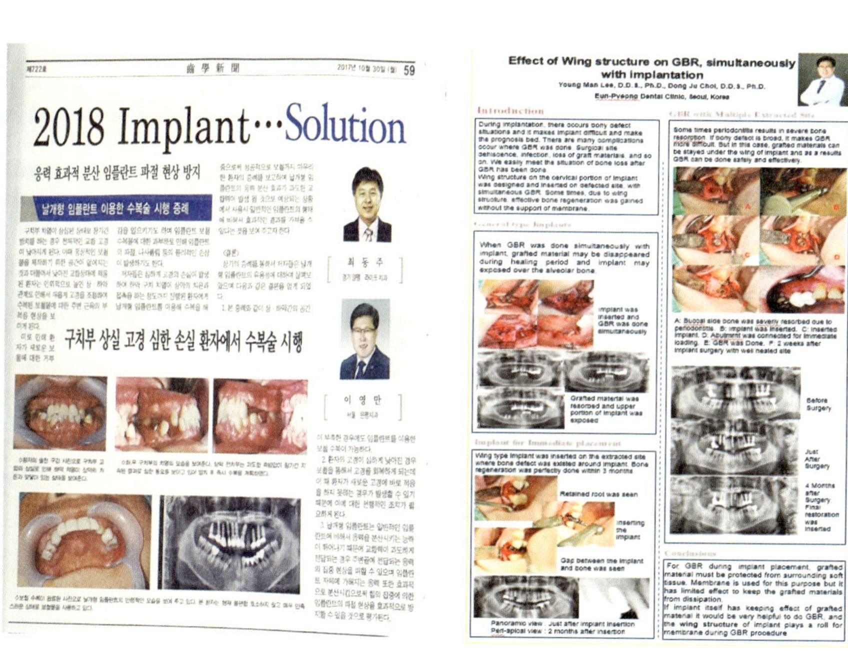

제722호 齒學新聞 2017년 10월 30일 (월) 59

# 2018 Implant…Solution

## 응력 효과적 분산 임플란트 파절 현상 방지

### 날개형 임플란트 이용한 수복술 시행 증례

## 구치부 상실 고경 심한 손실 환자에서 수복술 시행

최동주

이영만

# Effect of Wing structure on GBR, simultaneously with implantation

Young Man Lee, D.D.S., Ph.D., Dong Ju Choi, D.D.S., Ph.D.

Eun-Pyeong Dental Clinic, Seoul, Korea

## Introduction

During implantation, there occurs bony defect situations and it makes implant difficult and make the prognosis bed. There are many complications occur where GBR was done. Surgical site dehiscence, infection, loss of graft materials, and so on. We easily meet the situation of bone loss after GBR has been done.

Wing structure on the cervical portion of implant was designed and inserted on defected site, with simultaneous GBR. Some times, due to wing structure, effective bone regeneration was gained without the support of membrane.

## General type Implants

When GBR was done simultaneously with implant, grafted material may be disappeared during healing period and implant may exposed over the alveolar bone.

Implant was inserted and GBR was done simultaneously

Grafted material was resorbed and upper portion of implant was exposed

## Implant for Immediate placement

Wing type implant was inserted on the extracted site where bone defect was existed around implant. Bone regeneration was perfectly done within 3 months

Retained root was seen

Inserting the implant

Gap between the implant and bone was seen

Panoramic view : Just after implant insertion
Peri-apical view : 2 months after insertion

## GBR with Multiple Extracted Site

Some times periodontitis results in severe bone resorption. If bony defect is broad, it makes GBR more difficult. But in this case, grafted materials can be stayed under the wing of implant and as a results GBR can be done safely and effectively.

A: Buccal side bone was severly resorbed due to periodontitis. B: implant was inserted. C: Inserted implant. D: Abutmnt was connected for immediate loading. E: GBR was Done. F: 2 weeks after implant surgery with well healed site

Before Surgery

Just After Surgery

4 Months after Surgery. Final restoration was inserted

## Conclusions

For GBR during implant placement, grafted material must be protected from surrounding soft tissue. Membrane is used for this purpose but it has limited effect to keep the grafted materials from dissipation.

If implant itself has keeping effect of grafted material it would be very helpful to do GBR, and the wing structure of implant plays a roll for membrane during GBR procedure

# 의료인 1인1개소법 사수 시위

'의료인 1인1개소법 사수'를 위한 1인 시위 692일째를 맞이한 8월 24일, 은평치과 이영만 원장이 헌법재판소 앞에서 국민 건강권 수호를 위한 1인1개소법의 정당성을 알리고 있다.

〈덴탈아리랑, 2017.8.24.〉

-1인1개소법은 환자를 위하는 최소한의 진료철학을 지키고, 의료인으로서 자존감을 가지면서 문어발식 사업확장의 과욕을 버리고 동료를 배려하고자 하는 합의의 산물이다.

# 3부

## 자작시선

# 고향집 돌담길에서

휘황한 도시의 불빛 저 멀리 두고
나고 자란 고향 찾아왔네
아득히 흘러간 세월에 중년이 넘어서야
꿈에도 그리던 고향집 왔건만
부모님의 체취 밴 부엌이며 장독대는
온데 간데 없네
고드름 창살처럼 얼어도 추운 줄 몰랐던 시절
돌담 골목길 따라
“계순아 놀자"
파란 겨울 하늘에 울려퍼지던
동무들 목소리 들려오는 듯

헐렁한 색동 설빔에 들떠
차례 지내고 어깨 걸고
세배하러 가던 어린 날의 친구들
그리워라, 보고파라
아무리 깜깜해도
달빛으로 빛나는 마을의 눈부신 밤
들판 보리밭에서 자치기 하던

그 동무들 지금은 어디에 머물고 있나
이곳 저곳 헤멜지라도
마침내 돌아갈 고향이여
사라진 돌담길 고향집이여
꿈에도 그리워라.

## 그 시절의 기억들 1

세월이 갈수록 간절한
어린 날의 기억들
뒤란 장독대 된장 간장 구수한 내음
아궁이 불 지피던 어머님의 옆모습
침침한 뒷간의 냄새마저 생생하여라

눈 감고 그려보는 고향땅 고향집의 흔적
골목길 동무들의 목소리는 어디로 떠나 갔나
지게 지고 오르던 뒷동산의 파랑새
물보라 치며 피라미 잡던 시냇물
돌이킬 수 없어 더욱 더 그리워라

삼시세끼 넉넉치는 않아도
배고픈 줄도 몰랐던 날들
까만 손등이 얼어 터져도
하루해는 어찌 그리 짧았는지

가슴속에서 반짝이는 정경들
기침소리도 인자한 그 어르신

주름살도 정겹던 그 할머니
어디로 가셨나
까만 밤하늘에 총총한 별들
동네어귀 키 큰 미루나무 흔들던 바람
어디로 사라져버렸나

이 거리 저 거리 헤멜지라도
언젠가는 돌아가리
어머니의 가슴같은 고향의 품이여.

# 그 시절의 기억들 2

돌이켜 보는 시간의 오솔길
꿈길처럼 걷노라면 떠오르는
어린 날의 허물어져버린 고향집
부엌 아궁이의 불꽃
뒤란 장독대의 고추잠자리
뒷간의 구수한 내음

그림자 속에 사라진 굴뚝 연기
골목길 친구들의 웃음소리
눈감으면 떠오르는 고향땅 고향하늘의 빛
산마루 넘어 어디쯤 걸려 있을까

삼시세끼 넉넉지 않아도
배고픈 줄 몰랐던 동무들
뒷산에 지게 지고 올라 나무하고
시냇물 따라 냇가에서 피라미 잡던
코흘리개 벌거숭이 시절

지금은 어느 하늘에 구름처럼 머물고 있을까

날이 갈수록 새뜻하게 떠오르는 친구들
깊은 가슴속 배부른 추석
보름달 아래 술래잡기 하자고
그 고향냄새 오늘밤 벅차게 눈에 차 오른다

동네어귀 키 큰 하얀 미루나무 흔들던 소슬바람
지금 어디서 불고 있을까
이 거리 저 거리 헤매고 다녀도
마침내 돌아갈 그리운 고향의 품
밤하늘 높이 총총한 별 무리
가슴에 쏟아져 내린다.

## 다들 어디로 갔나

자도 자도 잠이 부족했던 학창시절
저녁 먹고 등잔불 밑에
국어책 펼쳐들고
큰 소리로 읽다보면
아련하게 들리는
아버지 어머니의 웃음소리
어느 샌가 스르르 잠이 들었지

오십 줄에 들고부터
잠이 사라졌다
아무리 늦게 자도
새벽이면 깨어 난다
그 많던 잠은 어디로 달아나버렸나

한두 번 걸면 외웠던 전화번호
서너 번 들으면 따라 부르던 노랫말
그 맑은 기억력은 다 어디로 갔나

전철에서 버스에서

걸어가면서 잠자면서
떨어질 수 없는 스마트폰
그 속으로 사라진 거냐

어린 날의 잠속에 머물고 싶건만
강물아, 어디로 흘러간 거냐
세월아, 어디로 날아간 거냐
돌이킬 수 없는 날의 꿈이여.

## 빗소리 그리운 밤

누군가의 발자국 소리처럼
누군가의 속삭임처럼
추적추적 가슴을 적시는
어둠 속의 가을비

적막한 산사를 적시는 빗소리
차가운 눈물인가
깜깜한 허공에
빗소리에 실려오는 지난 날의 기억들
내게 온 인연들
나를 잡아준 영혼들
나를 흔들어 깨우던 얼굴들

양띠 어머니의 추석날
저 멀리 산 너머로 떠 있는
노오란 보름달은
왠지 슬픈 빛입니다

새 옷 새 신발 신고

큰집 가던 때가
엊그제 같은데
세월은 화살처럼 날아갑니다

중풍으로 반신불수 된 셋째 아들아
열심히 살아와줘서 고맙구나
하룻밤만 더 자고 갔으면 좋으련만
둘째 아들아
익산 고향집에 도착하거든 전화해라
이쁜 며늘아
천천이 운전하면서 조심히 가거라

자식 떠난 허전함 달래며
산허리에 걸린 보름달에
두 손 모아 비는 어머니

건강 행복
사랑 우애

자식의 등을 하염없이 바라보는
어머니의 소원은 변함이 없습니다.

## 고향 가는 길

구름에 내 꿈을 실을까
햇님에게 내 바람을 전할까
차남의 도리
한 그릇의 공경 다하고자
팔순 어머니 모시고
떠나면 고향 가는 길
하나님도 부처님도 다 아시겠지
이 여린 맘을
일 년이 465일 565이라도
짧다고 안간힘 쓰는 걸

꿈이 있어 까만 연필로
그렸다 지우고
또 그렸다 지워보는
어린 날 어머니의 고운 얼굴
곁에 있어도 멀리 있어도
그리운 어머니의 여윈 얼굴
주름살은 깊어만 가는데
붙잡아둘 수 없는 야속한 세월아.

## 가을 꿀벌

빠알간 여름날의 꽃이 지자
파아란 하늘 향해
코스모스 한들한들 춤출 때

잉잉대는 꿀벌
살포시 꽃잎에 앉아
겨울양식 농사짓나

노랑꽃 하얀꽃 분홍꽃
온몸을 던져 넣고
단 꿀 모으나

머리에 꽃가루 뒤집어 쓴 채
한 입 가득 양식을 물고
돌아가는 빛나는 날개

가을이 가기 전에
겨울이 오기 전에
코스모스 지기 전에
바지런히 날아야지.

# 추풍낙엽

가을비 하룻밤에
감나무 푸른 잎새
갈잎이 되었네
가지 말라고
애원해도
이제 가을은
쓸쓸한 등을 보이네

저만치서 서성이는
차가운 세월의 바람
누군들 피할 수 있으랴
옷깃을 여미며
나서는 출근길에
낙엽이 지고 있네.

# 그 겨울의 길목

용암 무더위
긴 여름 지나
깊어만 가는 산속 가을
어김없이 고운 오색단풍
찬란하고
겨울로 향한 길목
상수리나무는
드높은 하늘 속으로 만세를 부르네
다람쥐 재빠르게
제집 찾아 기어오르고
산마루에 걸쳐있는
얼키설키 텅빈 까치집에는
찬 바람이 부네
낙엽이 뒹구는 산기슭 아래
텅 빈 어머니 놀이터 텃밭은
어찌 그리 허전한지
눈이 뒤덮고 칼바람도 불겠지만
초록의 봄은 다시 또 찾아오겠지
어머니 잠시 머물던

송강 고개
정철 시인의 마을에
가을빛이 깊어가고 있네.

## 인생꽃

자연의 오묘함
성큼 다가온 겨울
찬 바람에 구르는 낙엽에
삶의 고단함
얹어 보낸다

누가 가꾸어 놓았나
정겨운 언덕 위에
파란 꽃
화려한 꽃
향기로운 꽃밭
하얀 서리 내렸구나

비탈길
바위 틈새에서
모진 비바람도
견뎌왔건만
이제 노란 옷 갈아 입고
낙엽 되어 뒹구네

뒤돌아 보면
지그재그 휘청거렸어도
차곡차곡
쌓아온 삶의 길

가을꽃
비바람에 떨어지듯
삶의 종착역을 향해
한 계절 넘어간다.

# 100세 친구

이 보게 벗님들
험난하고 고단했던 세월
어떻게 걸어왔나

허벌나게 바쁘게 헤쳐 나온
우리네 인생
거친 세파에 밀려
어느덧 가을이 되었구려

깊어진 이마의 주름
한잎 두잎 낙엽되어 떠나가니
가슴 아리네

낙엽 떨어지는데
순서가 있나
어느 날 갑자기
땡감도 떨어지고
묽은 감도 떨어지듯
그게 인생이더라

이 보게 벗님들
우리 인생 얼마나 남았을까

쉼 없이 달려온
고단한 인생길
사랑도 미움도
돈도 명예도 가져갈 것
하나도 없구나

참으로 좋은 벗님들아
가을 인생 100세까지
너와 나, 우리 하나 되어
찰지게 멋지게 살다가
낙엽처럼 가자꾸나.

# 우정의 사자성어

지천명 오십대 넘어 이순을 목전에 둔 벗들! 겁의 인연으로 만나 삶을 마감하기까지 함께 가야 할 우정의 벗들! 그 그리운 얼굴들이 달처럼 별처럼 떠오른다.
우리들이 가슴에 품어야 할 고사성어를 되새겨 보자꾸나!

1. 管鮑之交(관포지교) : 너가 관중(管仲)이라면 나는 포숙아(鮑叔牙), 이 세상 끝까지 함께 가자.
2. 水魚之交(수어지교) : 너가 물이라면 나는 고기라. 서로에게 자유를 베풀고 관용하며 노니자.
3. 竹馬故友(죽마고우) : 어릴 적 함께 했던 추억을 어찌 잊으리. 영원히 간직하며 그 시절의 마음으로 살자.
4. 莫逆之友(막역지우) : 너자나자, 나자너자! 우린 가릴 것 없는 발가숭이 친구 아닌가.
5. 金石之交(금석지교) : 사나이 한번 맺은 언약은 쇠처럼 돌처럼 굳건하여라.
6. 肝膽相照(간담상조) : 너와 나 사이에 숨길 게

뭐 있겠나. 너가 없으면 나도 없고 나 없으면 너 어찌 살꼬.

7. 膠漆之交(교칠지교) : 너가 바늘이라면 나는 실이 되리니 이 험한 세상 한 몸되어 뒹굴자.

8. 刎頸之交(문경지교) : 죽거나 살거나 일편단심, 우정에는 어떤 경계선도 없으렸다.

9. 金蘭之交(금란지교) : 벗의 마음에서 우러나는 변함없는 난향이여! 내가 살아가는 보람이여.

10. 芝蘭之交(지란지교) : 영지와 난초처럼 서로 인격의 향기를 나누며 고매한 삶을 지어가세.

11. 斷金之交(단금지교) : 너와 내가 손 잡으면 뭣인들 못하랴. 우린 난세의 생존자들이며 시대의 개척자 아닌가.

12. 布衣之交(포의지교) : 벗이 어렵고 힘들면 나의 속옷이라도 벗어 주리.

13. 知音知己(지음지기) : 그대의 작은 소리라도 나는 마음으로 들으리니 우린 가슴으로 소통하는 사이가 아닌가.

14. 忘年之交(망년지교) : 설령 우리의 얼굴에 세월의 주름살 덮여 못난 늙은이가 될지라도 서로 위로하고 어깨동무 하여 무덤까지 같이 가세!

# 빈집

세월과 싸우다
허물어져가는 초가집
길고 험한 겨울을 나고 있네

한세상
누가 살던 흔적인가
군불 때고
귀한 것 묻어두던 아랫목
지금은 텅 빈 냉골이네

가난에 쓰린 기억들
젊은이들 타지에 나간 지 오래
이 집주인은 어디 있나
뒷산에 누워 있네

해는 저물어
산을 넘어도 산인데
그 옛날 밤도깨비 다 어디로 갔나
싸늘한 바람 소용돌이 치네.

## 원두막을 지으며

굽은 허리로도
제법 풍성하게 작물을 가꾸는
어머니의 농장에서 잠드는 밤이면
아련한 기적소리 들려온다

쓸쓸하게 누워있는 녹슨 기찻길
바로 그 옆에
원두막 정거장 지으면
꿈의 열차 달려와 멈추려나

올봄에는 참외랑 수박이랑 옥수수 씨 뿌려
한여름 소나기 쏟아지는 날에
먼 기억 속의 어린 날처럼
시끌벅적 원두막 잔치 열어 보련다

허리 굽은 어머니 가운데 모셔놓고
코흘리개 적 친구들 불러 모아
덩실덩실 춤도 추련다
춤추는 꿈의 열차도 타련다.

# 서울은 뜨겁다

어떤 인생은 특별한가
더불어 사는 게 인생이지

벌집을 쑤신듯
서울은 너무도 뜨겁다
얼마나 하늘을 봐야
서울이 조용할까
미국도 일본도 중국도 북한도
꼰대도 조용하네

우리 세대 잘한 거 뭔가
굿이나 보고 떡이나 얻어먹을 것인가
시국이 난국이니
누구를 탓하랴
그냥 이렇게 흘러가는 게 인생이지

어제 일은 망각하고
막연한 기대 속에
내일을 걱정하며

속고 속아 사는 게 인생이지

서울이 뜨겁다
누구의 위로가 필요한가
인생은 이렇게
역사에 한 획을 긋고
흘러간다.

# 그저 부럽다

가을은 말 없이 가버리고
겨울이 소리 없이 다가왔는데
치과병원으로 출근하는 주말의 불광역은
등산객이 만원이다
삼삼오오 배낭을 메고
환호성 지르는 일행들
이어폰 꽂고
홀로 가는 청춘남녀도 많다
한가로운 발걸음이
그저 부럽기만 하다
저분은 어디서 무얼 할까
열심히 일하고
주말에 북한산을 타면
오를 때와 내려올 때 무엇이 다를까
동행하며 이야기를 나누고 싶다
어떻게 살아왔는지
고향이 어딘지
궁금하다
그저 부럽다

주말인데 토요일인데
오늘도 치통을 호소하는
환자 곁에 머물러야 한다
최선의 치료를 베푸는 것
그것이 나의 길이다.

# 고향의 내음

내가 세상에 나오던 날
고향의 하늘에서 빛나던 그 별은
오늘도 그 자리에 떠 있을까

마당에 모깃불 피워놓고
멍석 깔고 누워
비료푸대로 부채질하며
노오란 둥근 달 속
방아 찧는 토끼 자리
국자 모양의 북두칠성
전갈자리 찾는다고
별 하나, 별 둘, 별 셋…

그 시절의 고향 내음을
요즘 서울 아이들은 어찌 알까
팔순 어머니와
외삼촌 내외와 함께 찾은
전라도 산골 '화산'은

동심의 세계
고향의 한 밤 이슥하도록
옛이야기 나누고 싶건만
휴가는 짧기만 하고
객지 서울은 멀기만 하구나.

## 해맞이

찬 바람 새벽공기
가슴에 가득 안고
정월 초하루
앵봉산 산마루
은평구민 줄지어
해맞이 왔네

기다리지 않아도
달덩이 같은 태양은
저 멀리 지평선
구름 타고
낯설고 물설은
새로운 세상 향해
달려오네

둥근 해
마음에 담아
가슴 속 뜨거운 꿈
물처럼 바람처럼

막힘없는
소망을 빌어보네

대망의 도전
정유년
더 많이 웃고
인생 파도 위를
힘차게 걸어가리라.

## 텃밭에 내리는 비

애타게 기다리던 비가 온다
구들장 지고 누워
첫사랑 속삭임처럼 들려오는
빗소리에 귀 기울인다

어머님은 반가워서
얼른 우비 챙겨 입고
텃밭으로 가야지
김장배추랑 무우랑 심어야지

대지를 적시는 시원한 빗줄기 속에
온 몸을 던져본다
그리움의 기다림이 너무 깊었나
단비야 많이 좀 내려다오
울 엄니 좋아하시게 말이여.

# 그 시절

어머니 살던
초가집터에
멍하니 서서 눈 감으면
앞산 위로 물처럼 흐르는
구름 따라 어디론가
흘러가고 싶네
뒷산 소나무숲에
울려 퍼지는 뜸북뜸북
뜸북새 우는 소리가
향수에 젖게 하네
마당 한가운데 피어오르던
모깃불 하얀 연기
뒤엄자리 구수한 흙냄새
손에 잡힐 듯하네
마냥 뛰놀던 강아지처럼
너른 들판을 달리고 싶네
뿔뿔이 흩어진 타향살이 벗들
날 잡아 세월 묶어두고
밤새 옛이야기 나누고 싶네.

## 임은 늘 흙에 계시죠

눈 뜨면 임께서는
흙에서 하루를 열고
해 저물어
호미자루 내려놓으면
흙에서 하루를 마감하시지요

저녁 한술 뜨시고
모든 세상 시름
흙에 묻으시고
곤하게 주무시는 임

기역자로 굽은 허리여도
쉼 없이 땅을 일구시는 임의 모습이
아들의 가슴에
가시로 박혀 있네

일찍이 하늘나라로 여행 떠난
남편의 몫까지
생계를 짊어지고

자식들 길러온 험한 세월
뒤돌아보지 않고
머뭇거리지 않고
앞만 바라보며
일이 세상의 전부인양
평생 흙에서 살아오신 임이시여

48년 과부댁으로 살아온 세월을
돌이키고 싶은
아들의 마음은 미어집니다
임이시여
제 2의 고향
신원동 농장을
추억의 놀이터 삼아
부디 오래 머물러주오.

## 지금 행복합시다

우리 인생 별거더냐
바람 부는 대로
물 흐르는 대로
가는 게 인생 아닌가
이렇게 살던
저렇게 살던
세월은 추억의 주름살 남긴 채
마냥 흐르고 흘러
언제 병원 침대에 몸을 눕히고
여생의 시간을 죽여 가야 할지
아무도 알 수 없으니
자연 따라 순리 따라
지금 여기에
살아 있는 것만도
눈으로 보는 것만도 행복이 아닌가
요양병원에 누운
장인을 뵙고 보니
밀려오는 가슴 저린 행복
지금 행복 합시다.

# 어머니의 왕국에서

토요일 진료 마치자마자
송강고개 넘어
어머니의 왕국에 들어서면
강아지 고양이 식구들이 먼저 반기네
파아란 텃밭을 바라보는
어머니의 얼굴이 흐뭇해 보이네
영만아 농약쳐라!
농약 한 통 메고
참깨 고구마 고추밭을 돌고나니
온몸이 흠뻑 땀으로 젖네
아들아, 밥 먹어야지!
구수한 된장국을 나누는
모자(母子)의 밥상에
석양이 어리네
엄마 찾는 고양이의 울음소리에
농막의 밤이 깊어가네.

# 낙엽처럼

고향 떠나
서울 한 귀퉁이
보금자리 틀고
살기 위해 앞만 보고
밭 갈아온 나날들
이제 겨우
한숨 돌리려 하니
굽은 허리가 펴지지 않네
곱디 고운 분홍빛 얼굴은
어디로 갔나
늦가을 낙엽처럼

백발의 머리칼
칙칙한 주름살의
팔순 노인은
구만리 하늘나라
채비 하시는가.

## 스쳐갈지라도

바람 찬 부둣가
떠난 사람 못 잊어
멍든 가슴 속으로
삐그덕거리는 세월의 수레바퀴

일렁이는 파도 위로
달빛 흔들리며 간다
별빛 깨어지며 사라진다

백년도 못 가는 짧은 도상
스쳐가는 가는 운명
이래도 한세상
저래도 한세상

뒤돌아볼지라도 되돌아갈 수는 없는
어차피 가야할 길이라면
세월의 파도 제아무리 거셀지라도
하하 호호 웃으며 노 저어 가자
종착역까지 함께 가자.

# 기원

많은 걸 가져다주면서
그만큼 걷어가는 것이
세월의 순리인가
살만하면 떠나야 하는 게
세상살이 이치인가
누구나 늙으면
다 내려놓아야 하는가
그래도
자식 위해 한평생 바쳐온 어머니
아프지 말고
마지막 순간까지
얼굴에 웃음 가득했으면 좋겠네.

# 어머니의 하루

기역자로 굽은 허리에
덜그럭거리는 무릎 관절이라
마음처럼 달리지는 못해도
가을빛 가득한 고추며 깨며 콩이 자라는 텃밭에선
터질듯한 푸른 핏줄의 손이 춤을 춘다

이젠 날짜를 헤아리지 않아도
해가 떠서 좋고 비가 내려서 좋고
바람이 불어서 또한 좋은 나날이거니
배고픈 줄도 모르는 고양이도
새끼를 다섯이나 낳은 누렁이도
아들 손주과 더불어 한 식구 되었음에랴

일찍이 남편을 여의고도
눈물은 속 깊이 감추고
하루 하루를 이겨온 인고(忍苦)의 팔순(八旬)
그 주름진 고운 얼굴 위에 세월의 훈장인양
피어나는 검버섯

어제도 오늘도 씨앗을 뿌리고 거두며
텃밭을 가꾸는 어머니의 등 뒤로
무지개빛 후광이 섰다.

## 어머니는 산처럼

말이 없어도 메아리 가득한 산처럼
그 높은 흰머리 아래 가슴은
바위의 묵직한 침묵
움직이지 못하는 나무의 인내
바람에 바스락거리는 풀잎과 낙엽의 뒤척임
다 담아내 발효시키는 오랜 빛의 항아리

견고한 적막 속에서
단지 큰 귀만 열어둔 채
시들어 영혼이 된 들꽃의 노래
혹은 뭇 벌레들의 속삭임까지
다 들어주는 너그러운 젖무덤
저 아래 세상이 아무리 시끄러워도
의연하게 가부좌를 틀고
고운 꿈 꾸는 영원한 모성(母性)이여!

# 어머니, 바로 당신이셔라

한 밤중 깜깜한 하늘에 홀연히 뜨는 저 별
참 영롱하면서도 아롱다롱 눈물겨운
그 까닭은 정녕 모르겠네요
별나라의 어머니시라면
눈물이 말라버린 제 눈동자에
행여라도 눈 맞춰주셔요!

깊은 산골짜기 그늘 속에 피어나는 저 꽃
참 눈부시기는 한데 사연곡절 서러운
그 내력은 정녕 모르겠네요
꽃나라의 어머니시라면
찬미가를 잊은 제 입술에
행여라도 입 맞춰주셔요!

이 밤 어둔 골짜기에
꽃같은 별, 별같은 꽃으로 홀로 피어나는
바로 당신,
부드러운 그 눈빛
달디단 그 입술로

저의 불면의 꿈을 수놓아 주실
오, 어머니, 바로 당신이셔라!

## 어머니의 이름으로

말이 없었다
그 깊고도 오묘한 자궁 속에
생명의 씨앗을 품고 기르면서
말은 없었다
제법 흥겨운 잔치판에서건
피 비린내 진동하는 전쟁터에서건
말은 삼갔다

벙어리처럼 귀머거리 봉사처럼
그렇게 온몸으로 몸부림쳐온 기원의 삶
그 이름을 불러보느니
세월의 거센 바람을 가슴으로 안아온 어머니시여!
역사의 험난한 강을 눈물로 다독여온 어머니시여!
그 거룩한 이름마다 하늘님 땅님이셨으니
생명의 탯자리, 불멸의 사랑궁이어라!

지상을 휩쓰는 저 야만의 칼바람
까닭 모를 저 증오의 태풍
말없이 잠재울

바로 당신, 어머니시여!
이 캄캄한 불임의 시절에
따사로운 개벽의 후천시대를 여소서!
말없이 생명과 사랑과 화평의 대역사를 이끄소서!

## 할미꽃

어떤 사연 묻혔길래
옹기종기 모여
종일토록 묵념하고 있는가

뻐꾸기 울면
더더욱 슬퍼져
붉게 타는 꽃잎

봄바람 지나가면
가녀린 목 떨군 채
백발 풀어 통곡하는가.

## 스쳐간 임이시여

그땐 눈이 밝지 못해서
겁의 인연으로 다가온
당신의 눈부신 자태를
알아보지 못했습니다
그땐 귀가 열리지 않아서
두터운 장벽을 넘어 울려온
당신의 영롱한 음성을
알아듣지 못했습니다
흘러가버린 세월의 강처럼
바람 속으로 아스라이 종적을 감춰버린
당신을 어찌 다시 뵐 수 있을까요
뒤늦은 참회는 깊어지고
옛 기억은 날이 갈수록
시퍼런 칼날이 되어 다가옵니다
이젠 눈을 감아도 볼 수 있고
귀를 막아도 들을 수 있는
이순(耳順)에 이르고서야
놓쳐버린 당신의 사랑에
비로소 가슴을 치는 군요

어찌해야 하나요
행여나 싫어 꿈길에나 들까 합니다
변장술에 능한 당신이시여
이제는 어떤 모습
어떤 소리로 다가오셔도
결코 놓치지 않으렵니다.

## 두 숲 사이에서

뿌리 내린 그 자리에서
부동의 자세로 한평생
비바람에 흔들릴지언정
일편단심 하늘바라기로
줄기도 잎새도 벙어리 눈이고 귀일뿐
작은 풀
높은 나무 어우러져
침묵의 숲을 이뤄 한 가족이거니

저 아래 밤낮 없이 휘황한 도시
혓바닥에 동동거리는 발이 달리고
귓구멍에 날름거리는 혓바닥이 들러붙었나
뿌리 없이 떠다니며
눈귀가 퇴화한 종족들
빌딩숲을 헤매며
가면 쓴 얼굴로
하늘 찌르는 말 전쟁 치르고 있구나
도시가 뿌리 깊은 숲일 수 없다면
잠시 숨어 쉴 곳인들 어디에 있겠나

우리가 꿈꾸는 초목일 수 없다면
너와 나 사이에
어찌 푸른 꿈길 열릴 수 있으랴.

## 설날에는

안방 아랫목에는
시큼하게 익어가는 농주
사랑방 한 구석에는
쑥쑥 자라는 콩나물 시루

설 손님 온 걸 아는지
뒷산 까치는
까악 거리고
외양간 갓난 송아지는
좋아라 엉덩이 흔들며 내달렸지

아버지들은 돼지 잡고
어머니들은 전을 부치는데
구수한 내음 골목에 가득했지

객지에서 선물 싸들고
돌아오는 자식들의 들뜬 목소리
시끌벅적 하던
동네 어귀 고갯마루
이제는 너무나 썰렁하네.

# 도토리

잡히지 않는 바람
참나무 한 번 흔들고는
종적 없이 사라지나 싶더니
아얏!
정수리를 치는
매끈하고 야무진
바람의 알맹이
툭 툭 툭
발치에 떨어지는
한 알
두 알
세 알
손바닥에 올려놓고 보니
아주 먼 데서 불어온 소식
임이 보내온 별인가, 조약돌인가
그 이름도
심상찮게 정겨운
도 토 리.

# 겨울나무야

산마을에 어둠이 걷히는 새벽
잠에 취한 어머니 얼굴에 입맞춤하고
출근 시동을 걸다 보니
눈 덮힌 산자락에
저 만치 홀로 서서
나를 손짓하는 참나무 한 그루
숨 고르고 곁에 서니
바람결에 들려오는 어릴 적 동요

나무야 나무야 겨울나무야
눈 쌓인 응달에 외로이 서서
아무도 찾지 않는 추운 겨울을
바람 따라 휘파람만 불고 있느냐

평생을 살아봐도 늘 한자리
넓은 세상 얘기도 바람께 듣고
꽃 피던 봄 여름 생각하면서
나무는 휘파람만 불고 있구나

가만히 두 팔로 안고 빨개진 콧등을 문지르며
나즉히 물어 본다
나무야 나무야 참나무야
너는 누구냐
나는 나무 나무 참~나~무~야

너는 이 겨울을 어떻게 나느냐
다시 물으면
나는 내 뿌리의 땅이 좋아
나는 내 머리의 하늘이 좋아
나를 흔들고 지나가는 바람이 좋아.

# 오직 당신

구비구비 아리랑 고개 넘어온
바람같은 세월이여
햇덩이  달덩이 아들딸 짝 이뤄 떠날 때
내 곁에 오직 당신
은하수 곱게 흐르는 깊은 밤에
텅빈 가슴으로
당신의 따순 허리 끌어안고
말 없이 나누는 사랑이여
강물 깊이 흐르는 찬 새벽에
시린 가슴으로
당신의 고운 눈길 바라보며
말없이 새기는 사랑이여
무엇으로 사느냐 물으면
바로 이 맛이라 말하리
구비구비 아리랑 고개 넘어
인생의 종착역까지 이 맛으로 살리라
내 사랑 오직 당신이여.

# 이 맛이야!

한참동안 바라 보았어
내 맘속에 애인으로
눈으로 눈으로
입으로 입으로
사랑의 멜로디
불타는 연가를
살며시 그녀의 입술에
가까이 가까이
이 맛이 사랑인가
사랑이 이 맛이던가
쉿!
나는 응큼한 남자
너를 안고 싶은 남자
미치겠다
오늘은 시간 좀 내줘
사랑의 물망초
니 마음 사로잡을 때까지
니가 좋은데
무슨 생각인들 못하겠니!

## 모정

어두운 밤하늘에
홀연히 뜨는 저 별은
꽃 같은 별이던가
별 같은 꽃이던가
보릿고개 눈물고개
모질게 넘기시고
흙이 좋아 흙에 묻혀 살던 어머니

얼굴선이
아직도 고우신 어머니
허리는 기역자로 굽으셨네
모정의 슬픈 강물
가슴에 흘러 흘러
눈물도 보석이 되었네
아~ 아~
아무리 불러도 포근한 당신의
이름이여
어머니!
사랑합니다~ 어머니~~

# 소주병

가득 채우고 있어도
취하지 않는다

다 비워주고도
쓰러지지 않는다

참이슬 처음처럼
파란 안색 꼿꼿하다

누군가 다 마셨다고
걷어차지만 않는다면.

# 버려진 밥상

동네 어귀
담벼락에 기대어
초라한 모습으로
비를 맞고 있는 밥상
누군가 작은 집으로 이사할 때
마음 아파하며 내 놓았겠지
주인 잃은 밥상
한 때는
온 식구가 둘러 앉아
오순도순 밥도 먹고
친구와 술도 나누던 밥상
때로는
지지고 볶고
부부싸움도 했을법한
애환 서린 밥상이었을텐데
버려지는 게 못내 안쓰러워
행여 누가 볼까
얼른 거둔다
행주로 닦아주니

얼굴 반짝이는 밥상
된장국 내음처럼
새록새록 추억이 피어오른다.

## 1호 골동품

빈집 툇마루 아래 아무렇게나 놓여
흙먼지 뒤집어 쓴 채 뒹굴고 있는
저 것이 무엇인고.
아무리 하찮아도 버려지는
존재의 뒷모습은 너무 슬퍼.

가만히 안고 와서 씻고 닦고 보니
옛 기억을 몰고 오는
이 빠진 사기 요강.
빛은 바랬어도 목단 그림이 살아있네.

겨울 바람 쌩쌩 부는 밤에
불빛 한 점 없는 깜깜한 방에
다섯 식구 웅크리고 잠에 취했는데
부엌 쪽에서 달그락 소리 나면
들고양이인가.
뒷간의 달걀귀신은 너무나 무서웠지.

엉금엉금 기어 두 무릎 끓고

진저리치며 지린 쉬를 싸고 나면
얼마나 시원했는지.
부귀영화 누리라고 혼수품에도 빠지지 않았다는데
언제부턴가 일제히 사라져버린
그리운 요강단지

두 팔로 끌어안고 얼굴을 들이대면
시큼하니 겨울 바람 솟아나는 목단사기요강.
애지중지하는 골동품 1호가 되었다.

## 저 꽃잎처럼

정적의 공간을 흔들며
하늘하늘 떨어지는 꽃잎의 춤사위를
이 마음 고요히 받게 하소서
텅 빈 하늘에 틈을 내며
움찔움찔 솟아나오는 꽃잎의 율동을
이 마음 기꺼이 따르게 하소서

꽃잎의 핌도 짐도 여기 한 순간

바람이 부는 대로
빛이 가는 대로
있는 그대로 소리없이
피고 지고 피고 지는
꽃잎들의 향연 속에서
이 마음의 눈이 저 꽃잎의 찬란한 살결을 보게 하시고
이 마음의 귀가 저 꽃잎의 낮은 소근거림을 듣게 하시고
이 마음의 코가 저 꽃잎의 깊은 내음을 맡게 하소서

그리하여 이 마음이 말하고 숨쉴 때는
다만 피어나는 꽃잎처럼 그렇게
이 마음이 잠잠하고 싶을 때는
다만 지는 꽃잎처럼 그렇게
그렇게, 그렇게 피고 지게 하소서.

## 자신에게 이르는 말

삶은 되풀이 연습이 가능한 연극무대가 아니야.
흘러간 강물처럼 돌이킬 수가 없어,
후회한들 소용이 없어.

이 우주 역사상 처음이자 마지막 존재인 너.
천상천하유아독존(天上天下唯我獨尊)
유일무이한(唯一無二)한 존재인 너.
흐르는 시간 위에서 너가 짓는 모든 행위는
처음이자 마지막이고 단 한번일 뿐이야.

제자리를 맴돈다는 말은 어불성설(語不成說).
들숨 날숨도 같은 것의 반복이 아니고 순간 순간
처음인 거야.
하늘 아래 새로운 것이 없다는 말은
정말 넌센스야.
하늘 아래 어제와 같은 것은 하나도 없어.
그래서 오늘의 모든 만남은
일기일회(一期一會), 일생에 단 한번뿐이야.
오늘의 너가 어제의 너가 아닌 것처럼

너를 둘러싼 모든 사람과 사물 역시
새로운 존재들이야.

'바람과 함께 사라지다' 의 스칼렛이 한 말이
딱 맞아.
내일에는 내일의 태양이 뜨는 거야.
수 많은 사람이 걸어왔고 걸어갈 삶의 길 위에
똑같은 발걸음은 하나도 없어.
순간마다 사람들은 저마다 전인미답(前人未踏)의
길 위에
첫 발자국을 찍고 나아가는 거야.
두번 다시 같은 길을 밟을 수는 없어.
발자국마다 하얀 눈 위의
첫 발자국(雪上初步)인 거지.
그 누구도, 그 무엇도
자신의 길을 향해 걸어가는
자유의지와 천부의 권리를
막을 수는 없어. 너 자신밖에는.

그리하여 너는 오늘도 신생의 존재로 태어나
새로운 태양 아래
처음으로 걷는 길 위에서

무수한 첫 만남의 인연을 지으며
흘러가겠지.
어디까지 갈런지는 아무도 몰라.
분명한 것은 지금 여기에서
너가 선택하는 모든 행위가
첫사랑이라는 거지.

# 11월의 마지막 밤에

밤낮 없는 도시의 휘황한 불빛도
자동차 소리도 머나 먼 농막
개구리 귀뚜라미 울음소리 끊어진 지는 이미 오래
잎새 떨군 나무들이 일제히 하늘 향해 기도하듯
11자로 서 있는 낮은 산자락

고양이며 강아지, 들쥐들 다 잠들었나
하늘 땅 사이에 모든 형상의 선이 사라지고
어둠을 갉아먹는 고요만이 가득한데
바위처럼 누웠어도 잠은 오지 않고
귀만 벽처럼 커진다
바람결에 바스락거리는 것은
댓돌에 구르는 마른 나뭇잎인가
처마에 걸린 시래기 타래인가

다들 때가 되니
그렇게 비우나 보다
그렇게 소리도 멈추나 보다
혹은 또 그렇게
신음소리를 내나 보다.

## 삼식아, 영만아!

그 매서운 눈보라도 신나라
골목길에서 딱지 치고
언덕에서 연 날리고
개울에서 썰매 타던 코흘리개 시절
까만 손이 얼어 터져도 아픈 줄 몰랐지
어쩌다 화롯불 놋대야에 손을 불려 때를 밀 때
얼마나 뜨겁고 아픈지
죽겠다고 소리를 쳐도
엄마의 야무진 손은 사정이 없었지

구순을 바라보는 어머니의 늙은 손을 잡아보니
이순의 아들 가슴은 왜 이리 요동칠까
영만아~ 밥 먹어~하는
그 시절 엄마의 목소리가
이 시대의 가객 장사익의 삼식이에 실리면
가슴 뻥 뚫려 웃음이 터지다가도
가슴 꽉 막혀 눈물이 솟구치네
보릿고개 넘으며
세 끼 꼬박꼬박 아들 입을 챙겨줄 때

그 속내를 어찌 상상이나 했을까
아, 엄니, 이 아들 어쩌면 좋을까요
소리쳐 삼식이를 따라 불러본다.

삼식아, 아 삼식아
어디 갔다 이제 오는 겨
재 손 좀 봐요
쌔카만게 까마귀가 보면
할아버지 하겄어
빨리 가 손 씻고 밥 먹구 공부 좀 혀

소낙비는 내리구요
허리띠는 풀렸구요
업은 애기 보채구요
광우리는 이었구요
소 코빼이 놓치구요
논의 뚝은 터지구요
치마폭은 밟히구요
시어머니 부르구요
똥 오줌은 마렵구요
어떤 날 엄마
어떤 날 엄마

# 여보게 동무야

여보게 오팔 개띠 동무야
올해가 황금 개띠 무술년이니 우리가 벌써 환갑이네
이젠 슬슬 마누라 눈치도 살필 때가 되었네
아직 사지 멀쩡하다면
하루 한두 끼는 스스로 해결해 봄세
요즘 유행하는 말이
남편이 세 끼를 밖에서 해결하면 영식님
집에서 한 끼 먹으면 한식씨
두 끼 먹으면 두식놈
세끼 다 먹으면 삼식이 새끼라네
그나저나 눈치 볼 마누라라도 곁에 계시면 다행이고
아무거나 주는 대로 잘 먹을 수 있는 이빨 튼튼하면 복이지

여보게 오팔 개띠 동무야
내일이면 우리도 이빨 빠진 호랑이 신세일지 모르네
어릴 적 흔들리던 젖니 뺄 때가 떠오르네
그 시절에 어디 치과가 있었나
엄니가 실에 묶어 딴전을 피우는 척하다가

이마빡을 치거나
문고리를 잡아당겼지
뽑힌 까맣고 누런 이빨은 지붕 위로 던졌지
까치가 물어 가면 새 이빨이 난다고
다음 날 학교에 가면 졸졸 따라다니며 놀리는 녀석들
앞니 빠진 갈가지야
우물곁에 가지마라
붕어새끼 놀린다

여보개 오팔 개띠 동무야
내가 용한 치과 원장이 되었네
입안 형편에 훤하고
이빨 아픈 사정 잘 아네
보고픈 얼굴도 보고 이빨도 보세
마누라 구박 받더라도
삼식이가 복일세.

# 시속 60킬로미터

1학년 때 시속 10킬로미터이던
세월열차는 달린다는 느낌도 없었지.
3학년 때 가장이랍시고 운전대를 잡고서야
30킬로미터로 앞만 보고 달렸는데(三十而立)
4학년이 되니 40킬로미터라는 속도가
좀 어찔해지더군
아무래도 불혹이란 공자님 말씀은
가당찮다고 느꼈어(四十而不惑)
5학년이 되자 갑자기 속도가 빨라지는데
정신이 혼미해지더라구
도대체 밑도 끝도 없는 지천명이란 말씀이
당혹스럽기만 하더군(五十而知天命)

올해 6학년 졸업반이 되고 보니
60킬로미터의 속도가 장난이 아니네
너무 빨라서 자꾸 뒤를 돌아보게 되니 말이야
이순은커녕 요란한 열차바퀴 소리에
귀가 멍멍할 지경인걸( 六十而耳順)
공자님은 이명(耳鳴)을 이순이라 잘못 쓰신 건가

5학년 때는 청첩장이 많이 날라 왔는데
올해부터는 부고장이 많을 거라네
먼저 간 동갑내기들도 손꼽을 정도이니
그럴만도 하겠지

4학년에 하늘나라 가신 우리 아버지 생각하면
오는 순서는 있어도 가는 순서는 없는 것 같네
한번은 어려 부모에게 업히고
한번은 늙어 자식에게 업혀야 하는데
그게 꼭 순리는 아닌가봐

7학년부터는 제도권 밖이라
세월열차는 제멋대로 달린다고
선배님들이 귀띔하시네(七十而從心所欲, 不踰矩)
과연 그럴까 싶기도 하지만
졸업반 때 후배 잘 챙기고
선배 잘 모셔야 후회 없다는
말씀은 맞는 듯 싶네.

## 개나리꽃

아직 어름 반짝이는
등산로 계곡 입구에
노오란 꽃 수줍은 듯 피었는데
너무 성급했나

여린 꽃잎 가만히 들여다보면
먼 하늘의 빛과
먼 땅의 물이 어리어 있구나

하늘로 날아간 혼(魂)이 내려오고
땅으로 흩어진 백(魄)이 올라가
허공에서 만나 얽히었나

사계절 숨어 돌다가
빠르지도 늦지도 않게
때를 좇아 피어난
봄의 전령

꽃, 꽃, 꽃, 개나리꽃

가만히 그 이름 불러보면
외유내강(外柔內剛)아닌가

정작 따순 봄바람 불기 전에
사계절 후를 약속하며
가장 먼저 지고마는
아, 혼비백산(魂飛魄散)의 꽃이여!

# 그림자

달리면 달리고 멈추면 멈추고
하는 대로 따라 한다
밟아도 밟히지 않고
악착하게 따라붙는 미행자다

보이지 않는 날도 많지만
햇빛 밝은 날 문득 뒤돌아보면
숨바꼭질 하듯
"나 여기 있지롱!"한다

어쩌다 찜찜한 짓을 할 때는
화들짝 놀라게도 한다
감히 속일 수도 없다
어둠 속에서는 감쪽같이 숨어 있어도
두 눈은 부릅뜨고 있다

뒷모습을 가장 잘 아는
쌍둥이 같은 분신이다
아무리 해도 떼어낼 수 없는

무섭고도 정다운 평생의 동반자다

혼자 걷다가 문득 뒤돌아보면
어김없이 "나 여기 있지롱!"한다
나의 몸이 사라지는 마지막 날에
그는 뭐라고 할까
하늘나라에서도 내 영혼의 동반자가 되어줄까.

# 9988234[1)]

종착역을 향해
단선 궤도를 달리는
세월의 소풍열차[2)]에서
얼쑤 얼싸 덩실 덩실
잘 노시다가
마지막 춤[3)]을 추며 가실 때
곱디 고운 우리 엄니
아무 고통 없는 얼굴로
아들이 일학년 때 종알대던
구구단을 외우시면
더 바랄 것이 없겠네.

1) 99세까지 팔팔하게 살다가 이틀 앓고 삼일 째 하늘나라로 가고 싶다는 소망의 유행어
2) 천상병 시인의 시 '귀천(歸天)'을 떠올리게 된다.
나 하늘로 돌아가리라./ 새벽빛 와 닿으면 스러지는/ 이슬 더불어 손에 손을 잡고,// 나 하늘로 돌아가리라./ 노을빛 함께 단둘이서/ 기슭에서 놀다가 구름 손짓하면은,// 나 하늘로 돌아가리라./ 아름다운 이 세상 소풍 끝내는 날,/ 가서, 아름다웠더라고 말하리라.
3) Lynne Ann Despelder & Albert Lee Strikland의 저서 『The Last Dance : Encountering Death and Dying』을 번역한 책명 『죽음 : 인생의 마지막 춤』에서 차용한 표현

# 알사탕의 추억

토실한 칡뿌리 하나 캐면
환호성을 지르던 시절
아카시아꽃 훑어 한 입 가득 털어 넣으면
향긋한 맛이 좋았고
옥수수 대궁 꺾어 씹을 때
달달한 맛도 좋았지
버리기 아까워
잠 자리 머리맡 벽에 붙쳐 두었다가
되씹던 풍선껌의 종이맛이라니…

산으로 들로 종일토록 뛰어놀아도
배고픈 줄 몰랐던 시절
설날에나 어쩌다 한번 맛보는
하얀 박하사탕
쇠눈깔만한 알사탕 하나 물게 되면
참 오래도록 굴리고 굴리면서 녹혀 먹었지

달달한 그 맛 잊혀지지 않아
알사탕을 입에 넣어보는데

웬걸, 끝까지 굴리지를 못하네
매번 도중에 꽉 캐물어 으깨어 버리고야 마니
알다가도 모르겠네
빨리 빨리
앞만 보고 달려 왔나보다
천천히 천천히
이젠 뒤를 돌아봐야 할 나이인가보다
알사탕 굴려 먹듯.

# 주례사를 하며

뚜벅뚜벅 사뿐사뿐
손 맞잡고 걸어오는
신랑 신부의 모습이 눈부시구나
짝 짓기도 어려운
이 고달픈 시절에
겁(劫)의 인연을 잡고야 만
대견스런 신랑 신부야

오늘의 푸른 하늘과 너른 땅은
오직 그대들을 위해 열렸으니
반짝이는 별들과
지저귀는 새들도 기뻐 예식을 노래하누나

장미꽃처럼 붉은 입술에 흐르는
사랑의 언약
별처럼 영롱한 눈빛에 어린
야무진 꿈
부디 영원토록 기억하거라

이제 돛을 올리고
저 거친 바다를 향해 나아갈 때
어찌 순조롭기만 하랴만
둘이서 한 몸 한 맘으로
굳세게 맞잡은 손이라면
끝끝내 한 방향을 향한 시선이라면
그 무엇이 항로를 가로막으랴

오늘 그대의 가슴과 치마폭에
하객들의 바람을 담아
붉은 대추를 던져주노니
어엿한 한 아비 한 어미로서
귀하고도 아름다운
사랑과 생명의 열매를 주렁주렁 맺거라.

## 까치집

새벽같이 일어나 밝은 햇살 물고 와
울어대는 까치 소리를 들으면 왠지 기분이 좋다.
누군가 반가운 소식이 찾아올 것만 같다.
어릴 적부터 그랬다.
설날에 콩콩 뛰는 설렘으로 불렀던 그 노래는
지금 불러도 왠지 기분이 좋아진다.

까치 까치 설날은 어저께고요
우리 우리 설날은 오늘이래요
곱고 고운 댕기도 내가 드리고
새로 사 온 신발도 내가 신어요

우리 언니 저고리 노랑 저고리
우리 동생 저고리 색동 저고리
아버지와 어머니 호사하시고
우리들의 절 받기 좋아하세요

엄마한테 물어본 적이 있다.
왜 까치는 하필이면 꼭 높다란 나뭇가지 위에

둥지를 트냐고.
칠월칠석에 은하수로 날아올라가
견우별과 직녀별 사이에
만남의 다리를 놓아주려고 그런단다.
미루나무 꼭대기에 걸린 까치집을 볼 때마다
세찬 바람에 부서지지 않을까 걱정이 들었다.
엄마는 까치가 집을 지을 때는
가장 바람이 센 날을 잡는다고 했다.
그래서 한번 지은 까치집은
절대 부서지지 않는다는 것이다.

주례사를 하러 가는 날 아침에
까치집을 올려다보면서
신랑신부에게
엄마의 이야기를 전해주고 싶었다.

# 별이 빛나는 밤에

산마을 녹 쓴 기찻길 옆
어머니의 작은 농장에
저녁밥 내음이 퍼지고
살포시 어둠이 내릴 즈음에
말 없이 우뚝 선 상수리나무처럼
팔 벌리고 머리 젖혀 바라보노라면
먼 하늘에 하나 둘 솟아나는 별들
젊은 날의 추억을 되살려 주는 듯

대학시절 자취방에서 이불 뒤집어 쓰고 듣던
별이 빛나는 밤에
별밤지기 DJ의 그윽하고 고즈넉한 목소리는
어찌나 앳된 가슴을 흔들었는지

삶의 마지막 순간까지
암과 투쟁하다가 별이 된 최인호 작가와
콧수염 이장호 감독이 만든 영화
별들의 고향 OST는
지금도 애잔하기 그지없으니

나 그대에게 드릴 말 있네
오늘 밤 문득 드릴 말 있네
나 그대에게 모두 드리리
터질 것 같은 이내 사랑을
그댈 위해서라면
나는 못할 게 없네
별을 따다가 그대 두 손에 가득 드리리

별똥별 하나가 긴 꼬리를 끌고 떨어진다
누군가 별에서 오는가
누군가 별이 되어 가는가
문득 연애편지 쓰고 싶어지는 밤이다.

# 안동역에서

첫눈이 내릴 무렵이면
설레는 무대가 열리죠
더 뮤직 스와니 악단이 펼치는
사랑 나눔 콘서트랍니다
동마다 은평구민 골고루 모여들죠
색소폰, 아니 섹시폰의 황홀한 음색에 젖어
한 목소리 되어 열창하노라면
온갖 시름 다 사라진다네요

이날 막판에 단골 초대가수처럼
꼭 부르는 노래가 있지요
해가 바뀔 때마다 더욱 사무치네요

바람에 날려버린 허무한 맹세였나
첫눈이 내리는 날 안동역 앞에서
만나자고 약속한 사람
새벽부터 오는 눈이 무릎까지 덮는데
안 오는 건지 못 오는 건지
오지 않는 사람아

안타까운 내 마음만 녹고 녹는다

그토록 애절한 가사이건만
색소폰 반주를 타면
춤추는 눈발처럼 신바람이 나죠.

# 입춘(立春)

춘래(春來), 불사춘(不似春)!
봄은 이미 왔으되 봄 같지 않다는 것이냐
봄이 오되 봄 같지 않게 온다는 것이냐
현재완료형이냐
미래형이냐
설왕설래 한다마는
좌우지간
깊은 잠에서
깨어나 일어선 봄을
눈 크게 뜨고 보는 게 봄 아닌가.

# 꿈개

두 귀 꼿꼿하니 날렵한 개가
용의 등을 타고
하늘로 솟아오르는
꿈을 꾸었다면
어찌 하찮은 개꿈이겠나

꿈을 꾸는 꿈개의
진짜 개꿈에 틀림없겠지

올해 무술년은
58개띠생이 꿈개가 되어
진짜 개꿈 꾸는 회갑년이지.

# 4부

## 생활 에세이

# 건강 11계명

"身外無物(신외무물) 百歲成滿(백세성만) 壽福康寧(수복강녕)"이라 했다. 오래도록 행복하고 평안하게 살려면 무엇보다 몸이 건강해야 한다는 것.

요즘 고령화 시대에 웰빙-웰다잉이 인구에 회자되는 화두로 떠오르면서 역시 가장 중요한 것은 건강 만세이다. 건강이 전제되지 않는다면 아름다운 삶, 보람있는 삶을 꾸려갈 수 없으며 삶의 목표를 향한 도전을 계속할 수 없다. 그러니 온갖 매체와 SNS를 통해서 경쟁하듯 다양한 건강 정보가 넘쳐나는 것도 자연스런 현상일 것이다. 이 가운데 눈에 들어오는 '전문의가 말하는 건강 10계명'을 보자.

1계명, 스트레스가 1일을 넘기지 않도록 하자.

만병의 근원인 스트레스는 불안, 초조, 우울 증세는 물론, 두통, 만성 피로 증상을 초래하고 면역력 저하뿐 아니라, 내분비계와 신경계를 교란, 인체 미네랄에 변화를 유발하여 갑상선 질환, 당뇨, 아토피, 허혈성 심장병 및 중풍, 뇌졸중을 유발하기도 한다. 따라서 먼저 긍정적인 사고방식과 삶의 자세로 스트레스를 극복해야 한다.

2계명, 2잔 이하의 술, 음주 후 이틀은 금주하자!

술로 손상된 간이 회복되는데 최소한 이틀이 걸린다.

3계명, 3대 건강 수치를 체크하자. 한국인의 3대 사망 원인 중 하나인 심혈관 질환은 혈당, 혈압, 콜레스테롤 수치와 관계가 있다. 정상 혈압은 120/80, 혈당은 공복 시 126mg/dl 이하, 콜레스테롤 총 수치는 200mg/dl 이하가 정상이다.

4계명, 일주일에 4회 이상 운동하자. 운동은 가장 싸고, 뛰어난 최고의 의사다.

5계명, 5복 중 하나인 치아를 소중히 하자. 식후 3분 양치는 수백만 세균을 막을 수 있다.

6계명, 6대 영양소를 골고루 섭취하자. 단백질, 탄수화물, 지방, 비타민, 미네랄, 식이섬유 등 6대 영양소의 균형 잡힌 식사가 장수로 가는 첩경이다.

7계명, 7시간 이상 수면으로 면역력을 높이자. 수면이 부족하거나, 수면의 생체 리듬이 깨지면, 뇌의 혈류가 나빠져 뇌의 기능이 저하되고 면역기능도 떨어진다.

8계명, 80세까지 사랑하자. 사랑은 엔돌핀이 증가되고 두뇌가 활성화 되어 생활에 활력을 불어 넣는다.

9계명, 9전 10기! 끊임없이 금연에 도전하자! 현재 발생하는 모든 암의 30~40%가 흡연 때문이다.

10계명, 10대 질환을 정기 건강 검진으로 막자. 치명적인 질환도 조기발견으로 생존율을 높일 수 있다. 정기적인 검진을 통해 발생할 수 있는 질병을 조기에 예방 · 치료하자.

상식적인 내용이지만 건강을 위해서는 꼭 기억해 둘만한 필수계명들이 아닐 수 없다. 이 가운데 5계명으로 치아건강이 들어간 것은 치과의사의 관점에서 대단히 공감이 가는 부분이다. 수많은 치과환자들을 상담하고 치료하면서 항상 느끼는 것은 역시 건강한 치아는 삶의 질과 직결된다는 점이다. 바로 이 점에서 느끼는 치과의사의 긍지와 보람은 마땅히 평가받을 만하다. 그런데 치과의사의 경우 하루 종일 제한된 공간에서 환자들의 치아를 들여다보며 정교한 치료를 감내하기 위해서는 환자에 대한 깊은 애정과 의사로서의 사명감은 물론, 건강한 체력과 강인한 정신력이 뒷받침돼야 한다, 다시 말해 의사는 먼저 자신의 심신이 건강해야 한다.

그래서 생각하게 되는 것이 봉사활동이다. 앞서 제시한 건강 10계명이 주로 개인적인 행위에 초점을 맞추고 있다면, 봉사는 의사에게 '노블리스 오블리주'의 실천이면서 심신의 건강을 도모할 수 있는 사회관계적 활동의 장이 될 수 있다고 본다.

경험에 비추어 볼 때, 지역사회의 환자 혹은 잠재적 고객(환자)일 수 있는 주민들을 위해 의료적 치료 활동에서 한 걸음 더 나아가 봉사활동을 펼치는 것은 의사 자신의 건강과 보람찬 삶을 위해서도 적극 권장할 만한 일이다. 봉사활동은 의사들에게 아름다운 건강 11계명이 될 수 있다.

# 나의 농장 이야기

'초가삼간 집을 지은 내 고향 정든 땅, 아기염소 벗을 삼아 논밭 길을 가노라면, 이 세상 모두가 내 것인 것을. 왜 남들은 고향을 버릴까, 고향을 버릴까. 나는야 흙에 살리라. 부모님 모시고 효도하면서 흙에 살리라'

50년생 가수 홍세민의 향수를 자극하는 노래 〈흙에 살리라〉는 〈안동역〉과 함께 자타가 공인하는 필자의 애창곡이기도 하다. 이 노래를 부르노라면 유년시절 고향의 추억들이 파노라마처럼 스쳐간다. 가슴 시린 어린 날의 기억들! 흙의 아들, 농사꾼의 자식으로 태어난 사람치고 누군들 고향을 잊을 수 있으랴. 차마 고향을 버린 사람이 어디 있겠는가. 살다 보니 이런 저런 사정을 따라 고향 떠난 '실향민'이 되었을 뿐이리라. 그렇기에 저마다 핏줄 DNA 속에 잠재된 고향정서가 중년을 넘어 50대, 60대가 되면 귀농, 귀촌을 노래하게 하는지도 모른다.

전북 완주군 화산면이 고향인 필자가 서울 은평구 불광동에서 은평치과를 개원한 지 16년. 치과가 입소문을 타면서 자리를 잡게 되자 주위에서 건강도 지키고 스트레스도 날려버리는데 좋다고 골프를 권했다. 그런데 필자는 생각이 조금 달랐다. 말하자면 잠재된 고향정서가 원하는 대로 멀지 않은 곳에 농장을 마련하고 어머니를 모셔와 함께 살겠다는 오랜 꿈을 따르고 싶었다.

아무 거나 잘 먹는 먹성에다 건강체질을 타고난 필자는 주말이면 땀을 흘릴 수 있는 농장이 필요했고, 집안의 차남이지만 어머니를 꼭 모시고 싶은 소망이 있었던 것이다. 그래서 필자는 11년 전 제2의 고향을 만들었다.

불광역 은평치과에서 불과 20분이면 도착하는 고양시 덕양구 신원동의 전원마을. 삼송역에서는 10분이면 송강(정철) 고개를 넘어 바로 있다. 쭉쭉 뻗어 치솟은 참나무, 상수리나무 빼곡하고 매실수까지 제법 자란 야산 자락에 필자의 농장이 자리잡고 있다. 필자가 들어서는 발자국 소리가 나면 문 앞의 잘생긴 진돗개 '두부'와 크고 작은 강아지, 고양이들이 반갑다고 이리 뛰고 저리 뛴다.

이곳의 신선한 공기와 조용한 숲의 정취에 매료되어 널찍한 임야 한 자락을 매입하고 어머니를 위한 조립식 주택을 직접 지었다. 겉으로 보면 비닐하우스지만 내부 구조는 노모가 지내기에 따뜻하고 안락하다.

84세의 어머니는 아직도 얼굴 선이 곱지만 허리는 기역자로 굽었다. 40세에 남편을 하늘나라로 보내신 이후 홀몸으로 4남매를 키우시느라 얼마나 고생이 많으셨나. 어머니를 생각하면 가슴이 울컥해질 때가 많다. 어머니 건강을 도모하며 편히 모시겠다고 이곳으로 모셔왔는데 오히려 잔뜩 일감을 던져준 결과가 된 것도 같다. 몸에 독하게 밴 근로습관 때문에 손에서 일을 놓지 못하시는 어머니! 제법 널찍한 밭에 깨, 배추, 고추, 무, 고구마, 호박, 감자 등을 길러내는 농사일이 해도 해도 끝이 없다. 주위에서 아들이 저 만큼 성공했으니 좀 편히 쉬셔도 되지 않느냐고 하면 어머니는 "눈에 보이지 않아야 손을 놓지. 저 땅을 어떻게 놀려둘 수 있어?"라고 하신다.

그러면서 덧붙이는 말씀.

"우리 영만이가 공부하겠다고 꽤나 애쓰더니만 마침내 제 몫을 하누만 그랴. 어릴 때 코흘리개 시절에도 친구들 앞에서 나팔 마이크 들고 연설도 해쌌더만."

필자는 옆으로 기찻길이 지나가는 이 천혜의 전원농장을 이웃과 지인들을 위한 사랑방 문화쉼터로 만들고 싶다. 올 초에 하우스 옆에 멋들어진 정자를 세웠는데 정담을 나누기에 참 안성맞춤이다. 지난 6월 5일에는 이 농장에서 한국자유총연맹 은평구지회 단합 친목대회를 열었다.

16개 동 회장을 비롯하여 회원 250여 명이 모였다. 울창한 숲 속에 무대와 객석을 만들었다. 가마솥을 걸고 질 좋은 돼지 세 마리를 삶고 푸짐한 먹거리와 막걸리를 나누며 뮤직 스와니 빅밴드악단의 색소폰 연주에 따라 흥겨운 노래자랑도 가졌다.

유월 말일에는 병원 직원과 이웃들이 정자에 모여 고기도 구워 먹고 매실을 따서 나누고 보물찾기도 하는 모임을 가졌다. 얼마나 즐겁고 흐뭇했는지! 조만간 족구장도 마련하여 건강한 웃음이 숲속에 울려 퍼지게 하고 싶다.

필자는 2015년 12월호 월간 〈문학바탕〉에 '어머니의 하루' 외 4편의 시를 게재함으로써 시인으로 등단하는 과정을 마쳤다. 진료를 하면서, 농장을 오가면서, 어머니와 함께 농작물을 기르면서 문득문득 떠오른 시상(詩想)을 정리하다 보니 시심(詩心)이 조금씩 자라는 것 같다.

'상수리숲 사이로 달리는 / 신원동 녹슨 철길 위로 / 어머니의 무명치마처럼 / 소복히 눈이 내려 / 그 위에 누워 꿈을 꾸노라면 / 적막한 어둠조차 어찌 그리 포근한지 / 지난 날 빛바랜 일기장의 / 가슴 저린 사연 / 시야를 흐리는 이야기들 되살아나 / 파노라마처럼 흘러간다 // 언젠가 흰 눈 소복이 내리는 날 / 신원동 녹슨 철길 위로 / 푸른 기적소리 울리며 / 꿈처럼 꿈의 열차 달려와 / 저 상수리 숲 너머로 비상할 때 / 어머니 손 놓지 않으리 / 하늘 땅 경계 없이 / 어디로든 펼쳐지는 기차 소풍 놀이에 / 어머니와 더불어 한껏 웃으리.

졸시 〈꿈〉에서.

농작물 씨 뿌리는 봄은 봄대로, 비바람 맞으며 농작물 자라는 여름은 여름대로, 열매가 결실되고 주위가 온통 단풍으로 물드는 가을은 가을대로, 흰 눈 쌓여 설국의 정취를 보여주는 겨울은 겨울대로 농장은 4계의 색다른 풍경을 보여준다. 토요일 오후부터 일요일까지 필자는 이 고향땅 같은 농장에서 어머니와 함께 땀을 흘린다. '흙에 살리라' 노래를 흥얼

거리며! 그렇게 땀을 흘리노라면 한 주일의 스트레스도 말끔하게 날아가 버린다. 필자는 이곳에서 싱그럽게 충전한 삶의 에너지를 가지고 발걸음도 가볍게 치과로 돌아간다.

어머니의 농막에서 바라본 석양

# 꿈엔들 잊힐리야

불광동 은평치과에서 어머니가 계신 신원동 전원마을까지는 차로 불과 20~30분이면 달려간다. 전라도 고향땅에서 어머니를 모셔와 제2의 고향이라고 정을 붙여온 곳이다. 일주일에 절반은 그곳 농막에서 어머니와 잠을 자고 출근한다. 올해로 벌써 17년 째인데 다행스럽게도 어머니는 쓸쓸한 내색없이 농삿일에 재미를 붙이며 소일하신다. 처음에는 물가에 어린 자식 내놓은 것처럼 낮동안 홀로 계신 어머니 걱정에 일이 손이 잡히지 않기도 했다.

그래도 불안을 떨쳐버릴 수 있는 이유 중의 하나는 어머니 곁에 진돗개 '두부'가 마치 자식처럼, 호위병처럼 버텨주고 있기 때문이었다. (정겨운 이름 지어준다고 고양이에게는 '만두', 진돗개는 '두부'라고 했는데 그 녀석 엄마는 10년 두부를 낳고 죽었다.) 얼마나 영특하고 믿음직한지 내가 퇴근하면 멀리서 알아보고 어서 오라고 반기며 춤추듯 뛴다. 마치 "오늘도 어머니와 재밌게 잘 놀았어요." 하고 말하는 듯. 참으로 대견하고 고맙기 그지 없는 두부다.

두부를 볼 때마다 20여 년전 화제가 되었던 진돗개 '백구'가 생각난다. 진도에서 대전으로 팔려간 백구가 7개월 동안 3백 km의 거리를 달려 천신만고 끝에 옛 주인의 품으로 돌아왔다는 이야기는 국민적인 감동을 자아냈다. 동물에게 귀소본능이 있다는 것은 잘 알려진 사실이지만 나고 자란 품의 정이 그리워 그 먼 길을 찾아온 백구의 행위는 본능을 넘어선 것으로 받아들여졌던 것이다.

수구초심(首丘初心)이라고 했다. 여우가 죽을 때 제가 살던 굴이 있는 언덕 쪽으로 머리를 둔다는 뜻이다. 짐승도 그렇거니와 나고 자란 고향을 그리워하는 사람의 정서는 오죽할까.

개나 고양이는 오줌으로 자기의 영역을 표시한다고 하는데 이런 본능은 사람을 포함하여 어미의 젖을 먹고 자라나는 모든 포유류((哺乳類, Mammalia)의 DNA가 아닌가 싶다. 우리는 고향이란 말만 떠올려도 도시의 소음과 불빛에 찌든 오감이 편안해지는 카타르시스를 맛보지 않는가. 고향은 어머니의 자궁(子宮)과 같은 힐링의 땅이다. 흙수저의 아들로 태어나 땅의 향기를 맡으며 자란 고향. 까만 고무신 밑창이 뚫어지도록 황금들녁의 바람 속을 달리며 메뚜기를 잡고 시냇물에서 송사리 잡던 어린 시절. 무수한 발자국과 함성이 찍히고 서린 고향의 땅과 하늘. 어머니의 품과 같은 그 공간에서 배고파도 고픈 줄 모르고 뛰놀던 나의 뼈와 살은 고향의 바람과 물로 자라난 것이 아닌가. 나이가 들수록 고향의 정경과 추억이 새록새록 간절하고도 선명해지는 것을 느낀다. 꿈에서도 종종 사라진 그 시절의 모습들이 온전히 되살아난다. 모태(母胎)로 회귀하고자 하는 귀소본능의 작용이 아닐 수 없다.

돌이켜 보는 시간의 오솔길/ 꿈길처럼 걷노라면 떠오르는/ 어린 날의 허물어져버린 고향집/ 부엌 아궁이의 불꽃/ 뒤란 장독대의 고추잠자리/ 뒷간의 구수한 내음/ 그림자 속에 사라진 굴뚝 연기/ 골목길 친구들의 왁자한 웃음소리/ 눈 감으면 떠오르는 고향땅 고향하늘의 빛/ 산마루 어디쯤 머물고 있을까// 삼시세끼 넉넉지 않아도/ 배고픈 줄 몰랐던 동무들/ 뒷산에 지게 지고 올라 나무하고/ 시냇물 따라 송사리 피라미 잡던/ 코흘리개 벌거숭이 시절// 지금은 어느 하늘에 구름처럼 머물고 있을까/ 날이 갈수록 새뜻하게 떠오르는 친구들/ 깊은 가슴속 배부른 추석/ 보름달 아래 술래잡기 하자고/ 그 고향냄새 오늘밤 벅차게 눈에 차오른다// 동네어귀 키 큰 하얀 미루나무 흔들던 소슬바람/ 지금 어디서 불고 있을까/ 이 거리 저 거리 헤매고 다녀도/ 마침내 돌아갈 그리운 고향의 품/ 밤하늘 높이 총총한 별 무리/ 가슴에 쏟아져 내린다.

〈졸시, 그 시절의 기억들2〉

그래서 일 년에 최소한 두 번, 설과 추석에는 고향 땅을 밟아야 속이 후련하게 풀린다.

정 붙이고 살면 어디든 고향이라고 하지만 어찌 나고 자란 고향을 어찌 잊을 수 있을까.

올해도 설에는 어머니 모시고 아내와 자식들과 함께 고향에 다녀오려 한다.

나의 고향은 전북 완주군 화산면 화월리. 동네 어귀에 들어서는 순간 나는 동심의 세계로 빠져들 것이다.

올해는 고향땅 지키는 동네 어르신을 몇 분이나 뵐 수 있을런지. 어릴 적 때때옷 입고 세배하던 그 분들의 넉넉했던 모습이 삼삼하게 떠오른다.

타향 각처로 흩어졌던 동무들은 몇이나 모여들런지. 둘러앉아 어린 시절 추억을 안주 삼아 술 한 잔 나눌 생각하면 가슴이 설렌다. 얼큰하게 취기가 오르면 바로 그 노래 '향수(鄕愁)' 도 불러보고 싶다.

‘넓은 벌 동쪽 끝으로 옛이야기 지줄대는 실개천이 휘돌아 나가고, 얼룩배기 황소가 해설피 금빛 게으른 울음을 우는 곳, 그 곳이 참하 꿈엔들 잊힐리야.’

## 대한민국문화대상 수상

은평경찰서 경찰발전위원회 이영만 위원장은 지난 11월 28일 63빌딩 2층 행사장에서 대한민국문화예술대상조직위원회와 (주)연예정보신문이 주관한 제22회 대한민국문화예술대상 시상식에서 문화대상을 수상했다.

이날 지난 1년 동안 개그, 가수, 영화, MC, 교육, 문화, 의료 등 다양한 부문에서 문화예술 발전과 사회봉사에 기여한 각계의 인사들이 수상의 기쁨을 누렸다.

특히 이영만 위원장은 은평치과 원장으로서 의료봉사 뿐만 아니라 지역사회문화 발전에 기여한 현격한 공로가 인정되어 본 대회 최고상인 대한민국문화대상을 수상하는 영광을 안았다.

이영만 위원장은 은평치과의사회 법제이사, 은평경찰서 경찰발전위원장, 대한적십자사은평구후원회 이사, 은평구장애인체육회 이사로서 등 은평 관내에서는 물론 독도수호국민연합, 아동안전보호협의회, 서울대총동창회(종신이사) 등에서 다양한 봉사활동을 전개하고 있다.

또한 본지 자문위원으로 본지에서 실시한 제11회

신춘은평휘호대회의 운영위원장을 맡아 지역문화 발전을 위해 큰 역할을 하기도 했다.

이영만 위원장은 수상소감을 통해 “지역에서 의료인으로 활동하며 지역발전을 위해 소득의 일부를 나누는 것은 당연한데 이를 높이 평가해 주시고 귀한 상을 주신데 대해 진심으로 감사드린다.”며 “앞으로도 지역사회의 발전과 교육 문화 예술의 창달을 위해 최선을 다하겠다.”고 말했다.

〈은평타임즈, 2014.12.2〉

무술년 신년사

## "자유 민주주의 체제 수호 운동이 최선"

존경하고 사랑하는 은평구민 여러분! 다사다난했던 2017년 정유년 한 해가 저물고 2018년 무술년 개띠해가 밝았습니다.

60년 만에 찾아온 '황금의 개띠'라 해서 많은 사람이 풍요를 기원하고 있다고 합니다. 황색은 오래전부터 우리가 추구해온 자유의 가치를 상징해왔으니 2018 평창동계올림픽 대회와 함께 우리 은평구민도 더욱 설레는 기대를 해도 좋으리라 생각합니다.

우리 자유총연맹 회원은 어려운 여건 속에서도 자유민주주의 체제 수호사업과 어렵고 소외된 이웃과 따뜻한 정을 함께 나누고, 목숨을 걸고 자유대한민국으로 탈출해 온 탈북민의 빠른 정착을 위한 사업을 힘차게 펼쳐 그들이 자유대한에서 자유를 마음껏 누리고, 북한의 비인권적인 독재체제의 실상을 만천하에 알리는 자유의 전도사로서의 역할을 하는데 함께 하였습니다.

작금의 한반도 안보 상황은 UN과 국제 사회의 결연한 제재 및 억제에도 아랑곳하지 않던 제6차 핵실험과 대륙간 탄도미사일 발사를 강행하며 한반도는 6 · 25 전쟁 이후 최악의 안보 위협에 직면해 있습니다. 이에 우리 자유총연맹 회원은 국가안보를 위협하는 어떠한 행위도 용납하지 않고 대국민 안보의식 함양운동에 박차를 가해 나아갈 것입니다.

존경하는 구민 여러분! 국가안보에는 여 · 야도, 남 · 녀 · 노 · 소도, 지역도, 계층도 구분이 없습니다. 우리 생존의 문제이고 국가 정체성의 문제라는 인식 하에 우리가 모두 하나가 되어 적극적으로 동참하여 튼튼한 안보태세 유지에 최선을 다해야 하겠습니다.

올 한해도 자유총연맹 은평구 지회 회원은 자유 수호 사업에 총력 경주하여 은평구 발전을 위한 다양한 봉사 활동을 더욱 역동적이고 적극적으로 펼쳐 은평구민의 삶의 질을 높이는 일에도 열과 성의를 다하겠습니다.

무술년 한해 건강과 평안, 가정의 만사형통을 기원드립니다. 새해 복 많이 받으세요.

## 한국자유총연맹 은평지회
# 2017년 실적평가보고대회 성황리 개최

한국자유총연맹 서울특별시 은평구지회(지회장 이영만, 이하 자유총연맹)는 2017년 12월 7일 불광동 소재 파티유플러스에서 통일선봉대 안보의식 강화 실천 결의 및 2017 사업실적평가 보고대회를 가졌다.

김영천 사무국장의 사회로 진행된 이날 행사는 김우영 구청장과 성흠제 구의장을 비롯 박주민 국회의원과 시구의원, 관내 각 단체장, 자유총연맹 각 동 회장과 회원들이 참석한 가운데 성황리에 이루어졌다.

자유총연맹은 이 행사를 통해 지난 1년 동안 지회의 발전을 위해 공헌한 회원들에 대해 서울시장상을 비롯 은평구청장상, 구의장상, 박주민 · 강병원 국회의원상, 은평 · 서부경찰서장상, 중앙회장상, 서울시회장상, 은평구지회장상, 자유평화상을 수여했다. 국흥대 장학재단에서는 6명의 자유총연맹 은평구지회 회원 자녀들에게 장학금을 수여하며 자유총연맹의 발전과 수상자들의 희망찬 미래를 위해 격려했다.

이날 이영만 지회장은 자유총연맹의 발전과 자유민주주의 체제수호 사업을 적극 성원하여 국가안보에 기여하고 민주시민의식 고양 및 평화통일 분위기 조성에 기여한 공로로 최고의 시상인 자유평화상을 수상했다.

한편 이영만 지회장은 인사말을 통해 "현재 한반도의 안보현실은 북한이 국제사회의 거듭된 경고와 유엔안보리 결의에 따른 단합되고 강력한 제재와 압박에도 아랑곳 않고 제6차 핵실험과 미사일 발사 등 도발책동을 벌이며 우리나라를 위협하고 있는 엄중한 안보 불안 상태가 지속되고 있다."면서 "우리 자통회원들은 자유민주주의체제 수호를 위해 우리를 가로 막고 있는 갈등의 벽을 허물고 국민대통합을 위해 민심과 소통하며 국가와 지역사회를 위해 헌신봉사하겠다. 안보위기를 극복하고 헌법

의 가치와 자유민주주의 체제수호에 앞장서 국민 안보의식 강화에 선봉장이 될 것"이라고 말했다.

〈은평타임즈 12.9〉

한국자유총연맹 회장단 박근혜대통령 청와대초청 2016.07.04

# 어머니 그리워 그리워

## 이영만의 치의학칼럼 · 자작시 선집

2018년 2월 20일 초판 인쇄
2018년 2월 24일 초판 발행

저자 이영만
발행인 이승한
편집인 김향기
디자인 장승미

발행처 도서출판 앰-애드
100-863 서울 종로구 마른내로 8길 30
(충무로 4가 2층)
전화 (02)2278-8063
팩스 (02)2275-8064
이메일 madd@hanmail.net
값 15.000원
ISBN 978-89-6575-103-8